Ces b... -là croient qu'il n'y a plus qu'à nous avaler ! — Oh ! oh ! répliqua le vieux soldat, ça n'ira pas comme ça, nous nous mettrons en travers.

Chaumerot Libraire

Palais Royal, Galerie de bois, N° 205.

ANECDOTES

SUR

NAPOLÉON.

Portrait.

On trouve dans un ouvrage imprimé à Leyde, en 1800, la note suivante sur Napoléon; le directeur de l'Ecole militaire l'avait fournie, il paraît qu'elle fut recueillie par madame de Staël :

« Napoléon Bonaparte, Corse de nation et de caractère, jeune homme à part, studieux, dédaignant le plaisir pour le travail, ami de lectures importantes et sévères, appliqué aux sciences exactes, mixte pour les autres, fort en mathématiques, bon géographe, taciturne, solitaire, bizarre, dédaigneux, égoïste et tenace à l'excès, parlant peu, froidement, laconique, dur en répartie et difficile à vivre, d'un amour-propre excessif, ambitieux, jaloux, et tout en espérance. Ce jeune homme est à protéger et à surveiller. »

Dans ce portrait si bien tracé, on voit les traits primitifs et fondamentaux de l'homme qui devait un jour exercer sur ses contemporains et sur les événemens l'autorité la plus formidable.

La Confirmation.

L'esprit positif de Bonaparte se manifesta de bonne heure : le jour de la confirmation, l'archevêque hésitait à lui administrer le sacrement, parce que son nom de baptême n'était pas dans le calendrier : « Mais, s'écria vivement Napoléon sans se déranger, il y a un grand nombre de saints et l'année n'a que trois cent soixante cinq jours ! » et l'archevêque étonné le confirma.

Les Boules de Neige.

A l'École Militaire de Paris, le jeune Bonaparte exerçait une influence marquée sur ses camarades, et dirigeait leurs jeux, qui presque tous étaient militaires. Dans l'hiver on se battait avec de la neige, et déjà il avait son corps d'attaque, sa réserve et ses récompenses pour les intrépides. Ces jeux furent défendus. Il lui fallait cependant des soldats : des grains de sable lui en tinrent lieu, des cailloux furent ses officiers; la grosseur de la pierre fut proportionnée à l'importance du grade. Vingt-cinq ans plus tard quelqu'un se présente aux Tuileries, demande avec instance d'être admis près du souverain, et se réclame du titre d'ancien camarade de collége. Son nom ne rappèle rien à la mémoire de l'empereur. « Demandez-lui, dit

Napoléon, s'il peut citer quelque fait particulier qui puisse le faire reconnaître. — Sire, il porte au front une cicatrice profonde; elle doit, dit-il, vous rappeler un fait qui s'est passé entre vous deux. — Il a raison..... C'est un général que je lui ai jeté à la tête; qu'il vienne. » Et celui qui avait reçu un officier supérieur à la tête parce qu'il avait dérangé d'un coup de pied la position d'une armée, obtint de son ancien camarade tout ce qu'il venait demander à l'empereur.

Paoli.

Paoli, frappé des réponses saccadées, brèves, bouillonnantes d'énergie et d'indépendance du jeune Bonaparte, aimait à l'avoir près de lui. Lors d'une excursion militaire en Corse, il se plaisait à expliquer aux jeunes officiers qui l'entouraient les faits de la guerre de la liberté dont il avait été le chef ; il montrait les positions, exposait les manœuvres, et rappelait sa propre gloire, en contant ses dangers. Napoléon attentif écoutait avec avidité ; de temps à autre, il ne laissait échapper que quelques-unes de ces expressions laconiques qui complètent ou devancent la pensée : Paoli transporté s'interrompt tout-à-coup, et saisissant le bras de Napoléon : « Jeune homme, s'écria-t-il, tu es taillé à l'antique, tu appartiens à Plutarque ! »

Les Culottes.

Le dialogue suivant, rapporté au sujet de Bonaparte quand il était encore tout jeune, âge où l'on est ordinairement occupé de plaisir et de parure, semble caractériser à la fois et l'esprit et la manière d'être qu'il manifesta plus tard. Un jour, étant entré chez un tailleur, il lui adresse l'allocution suivante avec une brièveté toute substantielle :

« Des culottes, mon ami. —Oui, monsieur, vous me faites honneur. Je ne crois pas qu'il y ait dans la ville un tailleur en état de vous habiller mieux que moi. J'ai travaillé pour le comte de ***, pour le maréchal de *** et pour l'illustre Effendi, qui est venu dernièrement de Turquie. J'avais sa pratique : il lui fallait des culottes d'une ampleur démesurée, et il déclara lui-même que celles que je lui fournis étaient encore plus grandes qu'il n'avait espéré. — Eh! bien, je vois que vous êtes le roi des tailleurs.... Mais des culottes, mon ami, à dix heures, demain, et point de verbiage. — Monsieur me permettra de lui prendre mesure? — A la bonne heure.—Bien, monsieur; et de quelle étoffe, de quelle qualité monsieur les veut-il? — Ne vous ai-je pas dit : Point de verbiage? Des culottes, mon ami, demain à dix heures, et voilà tout. — Pardon, monsieur, mais la couleur.... — J'ai d'autres choses à faire que de m'occuper de mes culottes. Prenez la couleur que vous avez donnée à votre pratique l'Effendi, ou une étoffe sans couleur, ou de toutes les couleurs : cela m'est parfaitement égal; mais des culottes, à dix heures, demain : pas un mot de plus, ou j'envoie chercher un autre tailleur qui a peut-être moins de pratiques, mais à coup sûr moins de verbiage. Je ne suis pas né pour discuter avec toi un plan de culottes. Bonjour; demain à dix heures. »

Repartie piquante.

Du temps que Napoléon n'était encore qu'officier d'artillerie, un officier prussien disait devant lui avec beaucoup de suffisance, « que ses compatriotes ne combattaient que pour la gloire, tandis que les Français se battaient pour l'argent.—Vous avez bien raison, répondit Bonaparte, chacun se bat pour acquérir ce qui lui manque. »

Junot.

Lors de la construction d'une des premières batteries que Bonaparte ordonna à Toulon contre les Anglais, il demanda, sur le terrain, un caporal ou un sergent qui sut écrire. Quelqu'un sortit des rangs, et écrivit sous sa dictée sur l'épaulement même. La lettre à peine finie, un boulet la couvre de terre. « Bien, dit l'écrivain, je n'aurai pas besoin de sable ». Cette plaisanterie, le calme avec lequel elle était dite, fixa l'attention de Bonaparte, et fit la fortune du sergent, C'était Junot.

A propos de Bottes.

Napoléon, après s'être distingué au siége de Toulon, était tombé dans la disgrâce de la Convention. Le jeune officier d'artillerie, sollicita, dit-on, la permission de quitter le service de la France, et de passer en Turquie, où l'on s'occupait d'un armement contre l'Autriche. Cependant Fréron parvint à lui faire donner le commandement de l'artillerie en Hollande. On lui avait accordé un délai de quinze jours pour se rendre à son poste ; mais un événement assez singulier, raconte-t-on, empêcha son voyage. Napoléon avait commandé plusieurs paires de bottes à un cordonnier, qui demeurait encore, il y a quelques années, en face du Palais-de-Justice. Celui-ci lui apporte des bottes, la veille de son départ, et lui présente son mémoire. Napoléon, soit qu'il manquât d'argent, soit toute autre raison, veut lui donner un bon sur le ministère de la guerre. Le bottier le refuse, et Napoléon, impatienté, refuse à son tour de prendre les bottes. Il faut en commander d'autres. Au lieu de partir le 4 vendémiaire, Napoléon se décide à attendre quelques jours. Pendant ce délai, il reçoit un mot de Barras; la révolution du 13 vendémiaire se préparait. Barras écrivait à Napoléon de ne pas partir. On sait le rôle qu'il lui fit jouer dans cette journée, et l'on a dit depuis que « Napoléon était devenu empereur à propos de bottes. »

Jeu de Mots.

La veille de la prise de Milan, le général Bonaparte dînait chez une dame de distinction. Cette dame, eu égard au rang élevé, et surtout au nom déjà illustre de son hôte, faisait les honneurs de sa table avec la plus aimable courtoisie et l'attention la plus gracieuse. Cependant, Napoléon, l'esprit occupé des grands événemens qui devaient marquer la journée du lendemain, répondait avec froideur, et seulement par quelques mots jetés au hasard, aux prévenances multipliées de son hôtesse. Celle-ci, pour animer la conversation, pria Bonaparte de lui dire son âge, ajoutant, comme pour atténuer ce qu'une pareille demande pouvait avoir d'inconvenant ou d'indiscret, « qu'il paraissait bien jeune pour avoir déjà moissonné tant de lauriers ! — En effet, Madame, répondit le général en souriant, je suis encore bien jeune, mais avant vingt-quatre heures j'aurai beaucoup vieilli ; je suis maintenant dans ma vingt-cinquième année, mais demain j'aurai Milan (mille ans). »

Le Dragon malheureux.

Un jour, Bonaparte étant sur le point de livrer un des immortels combats de sa campagne d'Italie, disposait ses troupes pour l'attaque, lorsqu'un dragon démonté sortit des rangs et demanda au général un moment d'entretien particulier. Napoléon lui ayant accordé ce qu'il désirait, le soldat lui dit :

« Général, en agissant de telle manière, la victoire est à nous. — Tais-toi, malheureux! s'écria Bonaparte, en lui mettant la main sur la bouche, tu vas trahir mon secret! »

Ce fait est facile à expliquer : le soldat était doué du génie militaire; il savait, par quelles manœuvres on pourrait vaincre l'ennemi. Après la bataille, qui fut gagnée par Napoléon, il ordonna que le pauvre soldat lui fût présenté; mais toutes les recherches furent infructueuses, on ne put le trouver : sans doute un boulet avait terminé sa carrière.

Le Pionnier.

Le général Bonaparte, commandant en chef l'armée d'Italie, assistait à un combat opiniâtre qui, sans avoir eu un résultat décisif dans cette guerre, prépara du moins l'un des avantages les plus brillans qu'aient obtenus les armes françaises.

Partout où le danger était le plus imminent, on voyait le général donnant lui-même ses ordres avec ce sang-froid inaltérable qui assure la victoire, et s'exposant comme le dernier soldat.

Dans une de ces circonstances, un pionnier voyant le danger que courait Napoléon, lui dit dans le langage franc et grossier des camps : « Eloignez-vous! » —Bonaparte le regarde avec hésitation; alors le vieux soldat le poussant rudement, lui adresse ces mots qui sont peut-être le plus bel éloge des talens militaires du général : — « Si vous vous faites tuer, qui voulez-vous qui nous tire de là ? »

Bonaparte sentit tout le prix de cette exclamation et garda le silence. Après l'affaire, dont l'issue avait été favorable aux drapeaux républicains, Napoléon fit venir en sa présence le brave pionnier, et lui frappant sur l'épaule, il lui dit : « Ta noble hardiesse a mérité mon estime; ta bravoure doit être récompensée; dès ce moment, au lieu de hache, tu porteras une épaulette. »

La Sentinelle endormie.

L'armée d'Italie, après s'être battue pendant une journée entière contre les Autrichiens, avait enfin, au coucher du soleil, remporté sur eux une victoire complète. Depuis trois jours les troupes n'avaient pu prendre aucun repos. La fuite précipitée de l'ennemi permettait aux Français de se livrer au sommeil pendant la nuit, et ils en profitèrent.

On ne pouvait, malgré tout, se dispenser d'établir des avant-postes. Un grenadier qui en faisait partie, ne pouvant résister à l'excès de la fatigue, s'endormit profondément en faction.

Bonaparte, qui sacrifiait son propre repos à sa soif pour la gloire, était sorti seul pour visiter l'extérieur du camp. Il arrive à l'endroit où était étendue la sentinelle endormie, dont la faute devait être considérée moins comme une infraction à la discipline, que comme l'effet irrésistible d'une fatigue excessive.

Le général, oubliant son rang et ne consultant que le noble motif qui l'anime, prend le fusil du soldat, qu'il trouve à terre près de lui, et continue la faction pendant près d'une heure, pour que la sûreté du camp ne soit pas compromise. Enfin, le grenadier s'éveille, il cherche en vain son arme; bientôt, à la lumière de la lune, il aperçoit le général qui avait respecté son repos.

« Je suis perdu! s'écrie-t-il, en reconnaissant Bonaparte, dont les traits étaient gravés dans la mémoire de tous les soldats.
—Non, mon ami, répondit le général avec aménité, en lui rendant son fusil, la bataille a duré assez long-temps, la victoire a été assez disputée pour que vous soyez excusable d'avoir cédé à la fatigue. Cependant, un moment d'oubli pouvait exposer la sûreté du camp : j'ai veillé. Je vous engage à vous tenir plus sur vos gardes à l'avenir. »

Collin-d'Harleville.

Bonaparte, à son retour d'Italie, aimait à s'environner de toutes les illustrations contemporaines. Sa maison était le rendez-vous des savans et des artistes. Tout alors était modeste et sans faste chez celui qui devait bientôt subjuger l'Europe et habiter le palais des rois. Sa table était frugale, mais une femme pleine de grâces en faisait les honneurs; lui même cherchait à plaire: il avait des éloges pour tous les talens, et chaque trait de sa louange renfermait une pensée!

Dans une de ces réunions, Ducis, Collin d'Harleville, Bernardin de Saint-Pierre recueillirent tour-à-tour les plus flatteuses paroles. Bonaparte parla de ses campagnes d'Italie. Il raconta ses actions les plus glorieuses avec une énergique concision, mais froidement, comme s'il eû entretenu ses auditeurs des actions les plus communes : en prodiguant la louange, il y paraissait insensible ; cependant quelques traits heureux épanouirent son visage. On avait pris le café ; madame Bonaparte, s'approchant de son mari, lui frappa doucement sur l'épaule, en le priant de conduire ses convives dans le salon : « Messieurs, dit Bonaparte, je vous prends à témoin, ma femme me bat. — Tout le monde sait, reprit vivement Collin d'Harleville, qu'elle seule a ce privilége. » Ce mot eut les honneurs de la soirée et fut fort applaudi.

Pichegru.

Pichegru, qui avait été un des maîtres d'étude de Bonaparte, disait à Londres, lorsqu'on délibérait si on tâcherait de gagner le général d'Italie : « N'y perdez pas votre temps ; je l'ai connu dans son enfance ; ce doit être un caractère inflexible ; il a pris un parti, il n'en changera pas. »

Madame de Stael:

Dans la grande fête que M. de Talleyrand donna au jeune vainqueur d'Italie, madame de Staël aborda debout au corps le général Bonaparte, et l'interpella vivement, lui demandant qu'elle était à ses yeux la première femme du monde, morte ou vivante. « Celle qui a fait le plus d'enfans, répondit Bonaparte avec beaucoup de simplicité. » Madame de Staël, d'abord un peu déconcertée, essaya de se remettre, en lui observant qu'il avait la réputation d'aimer peu les femmes. « Pardonnez-moi, Madame, reprit encore le général, j'aime beaucoup la mienne. »

Ces paroles étaient une réponse piquante à une lettre que madame de Staël lui avait écrite quelque temps auparavant. « C'était une des erreurs des institutions humaines, avait-elle dit dans cette lettre, qui avait pu lui donner pour femme une insignifiante créole, la douce et tranquille madame Bonaparte : c'était une âme de feu comme la sienne (de madame de Staël) que la nature avait destinée à un héros tel que lui, etc. »

Le Louvre.

Quelque temps après que le consulat eut remplacé le Directoire, Bonaparte proposa à ses collègues de quitter le Luxembourg qu'ils occupaient alors, et d'aller habiter le Louvre. L'abbé Sieyes, qui était présent, s'écria :

« Quoi! des consuls iraient habiter le palais d'un tyran? — Monsieur, répondit

Bonaparte sèchement, et d'un ton qui exprimait les sentimens qui déjà commençaient à s'élever dans son âme, si j'eusse été Louis XVI, je serais encore roi; et si mon métier eût été de dire la messe, je la dirais encore. »

On pense bien que l'archi-prêtre sentit toute l'amertume de ce sarcasme.

M. Fontaine.

Dans les premiers temps de sa puissance consulaire, Napoléon ordonna à M. Fontaine, l'architecte de France le plus savant, le plus habile et le plus honnête, de lui présenter un devis relatif à des constructions importantes. Il trouva les prix trop élevés, et dans la chaleur de la discussion, se servit de quelques expressions dont l'extrême délicatesse de M. Fontaine fut blessée au point qu'il crut devoir envoyer sa démission; le premier consul, assez embarrassé pour le remplacer, demanda au ministre de l'intérieur une liste de douze architectes en état de remplir ses vues. A la tête de cette liste figurait le nom de M. Fontaine. *Réduisez-moi votre liste à six personnes*, dit l'empereur au ministre. M. Fontaine, ... etc. *Réduisez encore au nombre de trois*. M. Fontaine,...etc. *Bornez-vous à un seul nom*. M. Fontaine, toujours M. Fontaine. Napoléon le fit appeler, et lui dit en lui pinçant l'oreille : *Allons, puisque vous êtes le plus habile et le plus.... honnête.... j'en passerai par où vous voudrez.*

Passage des Alpes.

Bonaparte traversant le mont Saint-Bernard, marchait à petits pas, de peur de glisser sur la neige. Tout-à-coup l'équilibre lui manque, et il tombe sur son derrière. Ce n'est pas ainsi que David l'a peint dans les Alpes; mais c'est ainsi qu'il a roulé quelques pas. Les officiers qui le suivaient ne croient pas devoir se montrer plus fermes sur leurs jambes que le général, et les voilà se laissant tomber à leur tour. Pour des républicains, ce n'était pas trop mal faire sa cour. Les soldats, moins courtisans, se permettent de rire aux éclats; les insolens! Mais le premier consul rit encore plus fort qu'eux, et l'état-major rit comme le premier consul. Il y avait déjà de la royauté autour de cet homme-là.

La Mule.

Le premier consul gravit le Saint-Bernard sur une belle mule qui appartenait à un riche propriétaire de la vallée; elle était conduite par un jeune et vigoureux paysan, dont il se plaisait à provoquer les confidences. « Que te faudrait-il pour être heureux? lui demanda-t-il au moment d'atteindre le sommet de la montagne. — Ma fortune serait faite, répondit le modeste villageois, si la mule que vous montez était à moi. » Le premier consul se mit à rire, et ordonna, après la compagne, lorsqu'il fut de retour à Paris, qu'on achetât la plus belle mule qu'on pourrait trouver, qu'on y joignit une maison avec quelques arpens de terre, et qu'on mit son guide en possession de cette petite fortune. Le bon paysan, qui ne pensait déjà plus à son aventure, ne connut qu'alors celui qu'il avait conduit au Saint-Bernard.

Les Fournisseurs.

Joséphine, sous le consulat, fut engagée à dîner chez un fournisseur de l'armée qui était fort riche. Napoléon lui dit : « Je consens à ce que vous dîniez chez des banquiers, ce sont des marchands d'argent; mais je ne veux point que vous alliez chez des fournisseurs, ce sont des voleurs d'argent. »

Le général Hoche.

Ce fut quelque temps avant le 13 vendémiaire que Bonaparte fut présenté chez madame Tallien, qui réunissait dans son salon les hommes influens dans le gouvernement, les généraux, les hommes de lettres, les artistes, les hommes de finances. Les affaires politiques étaient l'aliment habituel des conversations de cette brillante société, mais elles ne les remplissaient pas exclusivement. Souvent au milieu des discussions les plus animées, il se formait dans le salon de petits comités, où l'on oubliait dans des entretiens frivoles, les graves intérêts dont on était trop souvent occupé. Bonaparte s'y mêlait rarement; mais lorsqu'il y prenait part, c'était avec une sorte d'abandon; il montrait alors une gaîté pleine de vivacité et de saillies. Un soir il prit le ton et les manières d'un diseur de bonne aventure, s'empara de la main de madame Tallien et débita mille folies. Chacun voulut offrir sa main à cet examen; mais quand vint le tour de Hoche, il parut s'opérer un changement dans son humeur : il examina attentivement les signes de la main qui lui était présentée, et, d'un ton solennel, il dit : « Général, vous mourrez dans votre lit. » Une généreuse colère brilla un moment sur le front de Hoche, mais une saillie de madame de Beauharnais dissipa ce nuage, et fit renaître la gaîté que cet incident avait refroidie.

La Disette.

Au 13 vendemiaire, Bonaparte n'étant encore que général, avait été investi du commandement de Paris. Le peuple souffrait de la disette, et la disette amène toujours à sa suite l'effervescence et l'émeute. Pour mieux veiller à la tranquillité publique, Napoléon parcourait les places, les marchés, les faubourgs, et se dirigeait de préférence vers les attroupemens nombreux qui se formaient aux portes des boulangers. Un jour la foule, plus excitée que de coutume, se presse autour de lui d'un air menaçant et demande du pain à grands cris. Une femme remarquable par une corpulence qui contrastait avec la maigreur extrême du général Bonaparte, se fait entendre au-dessus des autres. « Pourvu que ces gueux-là mangent, disait-elle en désignant les officiers, pourvu qu'ils s'engraissent bien, il leur est fort égal que le pauvre peuple meure de faim.—La bonne, lui répondit Napoléon, regarde-moi bien, quel est le plus gras de nous deux ? »

Un rire universel se fit entendre et chacun s'empressa d'applaudir à la repartie du général, et de faire place pour le laisser passer librement.

La Vieille de Tarare.

Bonaparte, qui ne haïssait pas la flatterie, et qui aimait beaucoup à se flatter lui-même, racontait l'anecdote suivante, pour prouver le sentiment général de la France en sa faveur.

« Lors de mon retour d'Italie, disait-il à ses affidés de Sainte-Hélène, comme ma voiture montait la côte escarpée de Tarare, je descendis pour la suivre à pied, sans domestiques, comme cela m'arrivait souvent. Mon épouse et ma suite étaient à quelque distance derrière moi. Je vis une vieille femme, estropiée et boîtant, qui cherchait, à l'aide d'une béquille, à gravir la montagne. J'avais une redingote, et elle ne me reconnut pas.

— « Eh bien! ma bonne, lui dis-je, où allez-vous avec un empressement si peu d'accord avec votre âge? qu'est-il donc arrivé?

— « Ma foi, répondit la vieille, on m'a dit que l'empereur était ici, et j'ai voulu le voir avant de mourir.

— « Bah! bah! qu'avez-vous besoin de le voir? qu'avez-vous gagné avec lui? c'est un roi tout comme un autre.

— « Monsieur, cela peut être; mais après tout il est le roi du peuple. Nous l'avons choisi; et si nous devons avoir un tyran, c'est la moindre chose qu'il soit de notre choix. »

Kléber.

En Egypte, un jour Napoléon ordonna un mouvement à Kléber; celui-ci, non content de ne pas le faire exécuter, parcequ'il le désapprouvait, laisse encore éclater des murmures devant l'aide de camp qui lui avait apporté les dépêches. Sommé une seconde fois d'obéir, il refuse avec obstination; le général en chef lui envoie l'ordre de se rendre au quartier-général; lorsqu'il y arrive, Napoléon est entouré de tout son état-major.

A l'aspect de Kléber, à la fierté de sa contenance, à la colère dont il semblait animé, les officiers d'état-major s'attendent à être témoins d'une scène violente, et leurs yeux inquiets se dirigent vers le général en chef, dont la petite taille, la maigreur, le teint pâle et l'air fatigué contrastent avec l'air presque héroïque de Kléber. Napoléon, qui devine cette impression, et dont le coup-d'œil perçant a lu dans l'esprit de ceux qui l'entourent, change tout-à-coup de contenance ; son regard s'anime, sa voix prend un éclat extraordinaire : « Qui de nous, s'écrie-t-il, est ici au-dessus de l'autre?.... Général Kléber, vous n'avez de plus que moi que la tête.... Encore un acte d'insubordination, et cette différence pourra disparaître !.... Allez ! »

Kléber, étourdi et comme subjugué par cette apostrophe inattendue, s'incline et se retire pour exécuter les ordres du général en chef qui, satisfait de l'exemple qu'il vient de donner, semble l'oublier le lendemain en traitant le général Kléber comme s'il n'avait jamais eu à s'en plaindre.

Le Sénat.

Le célèbre mathématicien Lagrange était un jour à la Malmaison, quand Bonaparte, encore consul, se disposait à se faire empereur. Une certaine familiarité était encore permise aux personnes admises dans le salon de Joséphine. La conversation étant tombée sur les encouragemens que les gouvernemens doivent aux lettres, aux sciences et aux arts, on parla naturellement de la splendeur littéraire du siècle de Louis XIV: « Hé bien, dit Bonaparte, Louis XIV, après tout, qu'est-ce qu'il a fait pour les hommes célèbres de son siècle? presque rien. A Corneille, à Racine, qu'est-ce qu'il a donné? de petites pensions; à Racine, une place d'historiographe; à Molière, une pension de mille livres avec un titre de valet de chambre. Aucun d'eux n'a eu de place dans son gouvernement. Moi, je fais bien plus pour les sciences; j'ai fait Monge et Berthollet sénateurs; Chaptal est sénateur; vous-même, Lagrange, vous êtes sénateur ». Lagrange, dont le mérite était trop grand pour avoir de l'orgueil, ou pour affecter une fausse modestie, lui répondit avec une naïveté digne de Lafontaine : « Vous avez eu raison, général; quand vous nous avez appelés au sénat, vous saviez bien ce que vous faisiez; vous avez pensé que, dans les premiers temps, il fallait y mettre des noms capables de le rendre recommandable ».

Le Te Deum de Marengo.

Après la bataille de Marengo, le général vainqueur revint à Milan, et assita à un *Te Deum* avec son état-major. Tous les journaux du temps l'ont dit; mais ce qu'ils n'ont pas dit, et ce que raconte un voyageur, dans une brochure imprimée en l'an 8, par conséquent deux années avant le couronnement du consul républicain, c'est que le chapitre vint le prendre à l'entrée de l'église, et lui demanda comment il voulait être reçu « Comme l'empereur, *come l'imperatore*, répondit-il. » Alors c'était le premier magistrat d'une fière république, qui voulait être traité à l'égard des rois. Deux ans plus tard, Napoléon revint encore à Milan; mais ce n'était plus qu'un roi lui-même.

Le Camérier du Pape.

La cérémonie du sacre de Napoléon donna lieu à une aventure fort plaisante. Le moment fixé pour le départ du Pape des Tuileries pour l'archevêché, éprouva un instant de retard par une cause singulière. Tout le monde ignorait en France, et même aux Tuileries, qu'il était d'usage à Rome, quand le Pape sortait pour officier dans les grandes églises, comme celle de Saint-Jean de Latran, par exemple, qu'un de ses principaux camériers partît un instant avant lui, monté sur un âne et portant une grande croix de procession. Ce fut au moment de se mettre en marche qu'on apprit cette coutume. Le camérier n'aurait pas voulu pour tout l'or du monde déroger à l'usage et prendre une plus noble monture; il fallut donc mettre tous les piqueurs des Tuileries en recherche. On eut le bonheur de trouver un âne assez propre que l'on se hâta de couvrir de galons; le camérier traversa avec un sang-froid imperturbable l'innombrable multitude qui bordait les quais, et qui ne pouvait s'empêcher de rire à ce spectacle bizarre qu'elle voyait pour la première fois.

Legouvé.

La Mort d'Henri IV, tragédie de Legouvé fut reçue par les comédiens français avec enthousiasme, mais sans espoir de la représenter. Comment oser mettre sur la scène un Bourbon, lorsque Napoléon gouvernait la France ! Legouvé fut frappé d'une heureuse inspiration. Il osa donc solliciter auprès du vainqueur d'Austerlitz la faveur de lui faire entendre la lecture de *la Mort d'Henri IV*, il en reçut une réponse favorable.

L'audience était accordée pour midi précis. Legouvé s'y rendit, accompagné de Talma, qui devait lire la pièce. A leur arrivée les sœurs de l'empereur et les dames de leur suite voulurent se placer au salon où devait avoir lieu la lecture. Chacune d'elles était empressée de voir et d'entendre l'auteur du *Mérite des Femmes*; mais elles furent éconduites par Napoléon, qui leur dit que c'était une réunion particulière à laquelle il n'admettait que l'impératrice. Il ferme lui-même la porte à double tour, et désignant un siége à l'auteur, il l'invite à s'asseoir. Legouvé hésite un instant, et l'empereur reprend avec une brusque urbanité : « Vous voulez donc que je reste debout? » La lecture commence : à ces pénibles confidences qu'Henri IV fait à Sully des tourmens sans cesse renaissans dont l'accablait l'altière Médicis, Napoléon, portant un regard sur Joséphine, semble lui dire que jamais il n'avait éprouvé d'elle que tendresse, dévouement, inaltérable bonté. Mais bientôt, au récit fidèle de la sainte amitié qui unissait Henri IV et Sully, de ce bonheur si rare, pour les souverains de compter sur un ami véritable, sur un cœur à toute épreuve, l'empereur se lève, et, regardant de tous côtés, paraît chercher le fidèle et brave Montébello. Restant alors debout, appuyé sur le dos d'un fauteuil, il suit la lecture avec la plus scrupuleuse attention; et lorsque Talma prononce ce vers dans la bouche du Béarnais, qui pressent sa fin prochaine : « *Je tremble, je ne sais quel noir pressentiment...* » Napoléon l'interrompt tout-à-coup, et dit à Legouvé : « J'espère que vous changerez cette expression; un roi peut *trembler,* c'est un homme comme un autre; mais il ne doit jamais le dire. » L'auteur en effet y substitue sur-le-champ: « *Je frémis, je ne sais, etc.* » Enfin, la conjuration s'achève : le meilleur des rois est frappé du poignard que ses plus chers affidés ont mis aux mains du fanatisme. Sully, éperdu de douleur et d'épouvante, vient en faire le touchant récit. « Le pauvre homme !... l'excellent homme !.... » prononce plusieurs fois Napoléon très-ému, tandis que Joséphine fondait en larmes.

« Vous avez bien fait, ajoute-t-il, de désigner les auteurs de ce crime exécrable... Il faut vous attendre à de nombreux débats littéraires; mais vous aurez un grand succès. » Il lui parle alors de ses autres ouvrages, et lui exprime l'intention de donner à son talent la récompense qu'il mérite; mais Legouvé lui répond modestement qu'il en avait recueilli tout le prix, puisqu'il était honoré de l'estime publique et membre de l'Institut de France. « Ainsi vous ne voulez rien ? » reprend Napoléon en jetant sur lui un regard scrutateur: « Quoi! ni pension, ni honneurs ne peuvent vous tenter! vous êtes bien un véritable homme de lettres! » Il le quitte à ces mots; et dès le lendemain l'ordre fut donné au Théâtre-Français de jouer la pièce, qui obtint un cours brillant de représentations.

Les Rubans tricolores.

Dans un temps où les malheurs de la révolution avaient réduit la vicomtesse de Beauharnais à un état voisin de l'indigence, madame de Bourdic-Viot lui avança une somme de mille écus. Plus tard, elle trouva l'occasion de lui rendre un nouveau service, en lui prêtant son équipage et ses diamans, dont Joséphine avait besoin pour paraître à une soirée du vicomte de Barras.

On sait que ce fut chez ce directeur que Joséphine rencontra Bonaparte; bientôt attachée aux destins du jeune général, et comme lui devenue consulaire, elle n'oublia point ce qu'elle devait à l'amitié et à la reconnaissance : madame de Bourdic-Viot fut présentée par elle à son époux, qui nomma M. Viot ambassadeur.

A l'époque où Bonaparte abandonna l'Egypte, l'étonnement avait été universel :

chacun blâmait intérieurement cette démarche ; mais personne n'osait se prononcer. Madame Bourdic fut une des premières qui sut à quoi s'en tenir sur ce retour imprévu, et qui se prépara avec le plus de présence d'esprit aux événemens qu'il devait nécessairement amener.

« Nous touchons à une crise, dit-elle un jour, après s'être soigneusement enfermée avec M. Lafont-d'Auxonne, l'un de ses amis; nous approchons d'un dénouement qui va nous perdre ou nous sauver. L'Africain n'est de retour à Paris que pour changer l'État. Les deux premiers jours tous les partis ont demandé sa tête ; le jour suivant tous les partis l'ont vu à la dérobée ; il est plus fin qu'eux tous ; il les tient par leurs confidences. Ils lui ont laissé voir leurs espérances ; il s'en empare. Ils lui ont avoué leurs jalousies ; ils sont vaincus. Barras veut une monarchie avec les deux chambres ; l'abbé Sieyes, une monarchie avec un sénat. Avant trois jours vous allez voir proclamer un roi de France, soit Monsieur, soit le duc de Chartres, soit un prince de la maison de Brunswick. Dans tous les cas, ajouta-t-elle en ouvrant un carton plein de rubans déroulés, voici les précautions que m'a dictées la prudence. Si la maison d'Orléans a le dessus, voilà pour les cocardes vertes; si l'on nous donne un Brunswich, voilà pour les cocardes bleues, si la famille de Louis XVI est rendue à nos vœux, voilà du ruban blanc à profusion. Je suis pour le blanc, reprit-elle avec l'émotion la plus vraie. Mais si on laisse le sort des Bourbons à la discrétion de Bonaparte, je crains de sa part quelque grande infidélité. Ce Corse a tout l'air d'un corsaire. »

Les pressentimens de madame Bourdic se confirmèrent en partie, et ses précautions devinrent inutiles. Bonaparte dispersa les tribuns, les anciens et le directoire. Il se fit consul, et ne se montra fidèle qu'aux couleurs de la nouvelle France. Les divers rubans de madame Bourdic restèrent donc cachés dans son carton, et ce fut quelque temps après que son mari alla représenter le corsaire en Italie.

Le Roi d'Etrurie.

Par suite du traité de Lunéville, Louis Ier, prince de Parme, ayant été proclamé roi d'Etrurie, vint recevoir à Paris l'investiture de son royaume. Bonaparte étant aux Français avec ce prince à la représentation d'*OEdipe*, accueillit avec orgueil les applaudissemens par lesquels le public prouva qu'il lui faisait l'application de ce vers :

J'ai fait des souverains et n'ai pas voulu l'être.

On peut s'étonner qu'il ait paru si flatté de cette louange indirecte, car déjà, à cette époque, son intention n'était pas de la mériter longtemps.

Louis Ier reçut avec une grande joie la

couronne des mains du soldat heureux qui occupait en maître la place où avaient régné ses ancêtres, et chaque jour il allait aux Tuileries grossir la cour du premier consul. Bonaparte disait à ce sujet : « Il est bon qu'on s'accoutume à voir un Bourbon dans les antichambres du premier magistrat de la république. »

Bonaventure Bonaparte.

Il y avait jadis un Bonaventure Bonaparte, qui vécut et mourut dans un cloître. Le pauvre homme reposait tranquillement dans la tombe, et on n'y songeait plus lorsque Napoléon monta sur le trône de France. Alors on s'avisa de se rappeler qu'il possédait de son vivant des vertus et des qualités auxquelles personne n'avait pensé auparavant, et on proposa à Napoléon de le faire canoniser. « Pour l'amour de Dieu, répondit-il, épargnez-moi ce ridicule. » Comme le souverain pontife était en son pouvoir, on n'aurait pas manqué de dire qu'il l'avait forcé à faire un saint d'un des membres de sa famille.

Le Vicaire.

Avant d'aller prendre à Milan la couronne de fer, l'empereur s'arrêta à Troyes, où il laissa un moment l'impératrice, sa cour, sa maison. Accompagné de son grand écuyer et de deux officiers, il se rendit en toute hâte à Brienne où l'attiraient, entre deux couronnemens, les souvenirs de son enfance. Il ne revit pas sans une vive émotion le berceau de son éducation française; il y retrouva toute la mémoire de ses premières années, reconnut jusqu'aux serviteurs de l'Ecole Militaire, dont les ruines l'attristèrent visiblement. Il demanda avec empressement un ecclésiastique qui avait été sous-préfet d'une classe de l'école; ce prêtre, alors vicaire dans un village voisin, arriva précipitamment, vêtu d'une redingotte brune : « Pourquoi n'êtes-vous pas en soutane? lui dit sévèrement Napoléon, un prêtre ne doit jamais quitter son habit. Il ne faut pas qu'il puisse cacher ses mœurs un seul moment; allez vous habiller. » L'ecclésiastique revint en soutane, et l'empereur trouva le moyen d'effacer l'impression de sa réprimande. Napoléon oublia réellement à Brienne, pendant vingt-quatre heures, et l'empire de France et le royaume d'Italie.

L'Université de Pavie.

La première visite de Napoléon à Pavie fut l'Université. Le recteur, à la tête de ses membres, le reçut et le harangua à la porte; sa péroraison se terminait par ces mots : « *Da Carlo il Grande ebbe questo celebre Archiginnassio li suoi primi principi; da Napoleone il Grande abbia la perfetta sua gloria ed eterna stabilita !* — Charles-le-Grand (Charlemagne) fut le fondateur de cette Université, puisse Napoléon-le-Grand completter sa gloire, et éterniser sa durée! »

Quoique Napoléon aimât tout autant les discours de cérémonie que s'il eût été souverain légitime, il avait rarement la patience de les écouter sans donner quelques marques d'ennui que la bienséance de la véritable royauté a soin de renfermer en elle-même. On dit que, sans laisser à l'éloquent *rettore* le temps de finir son éloge oratoire, il s'élança à travers le corps des savans, mettant de côté la farce théâtrale et la dignité de commande de l'Empereur et Roi, et, avec sa pétulance et sa curiosité accoutumées, courut de classe en classe, tandis que sa suite brillante, composée de militaires, faisait de vains efforts pour le suivre. Les professeurs même trouvèrent un peu brusque la promptitude de ses mouvemens et la succession rapide de ses questions; et perdaient haleine à le suivre et à lui répondre, « *che scuola è questa?* » dit-il en entrant dans la première classe. C'était la classe de métaphysique, de *la détestable idéologie!* — Il sourit avec dédain, et prit du tabac; puis se tournant vers l'un des écoliers, il lui demanda « *qual è la differenza fra la someglia e la morte?* » Quelle différence y a-t-il entre le sommeil et la mort? Cette naturalisation du mot français *sommeil*, était trop forte pour le jeune étudiant; il se tourna vers son professeur pour le prier de l'aider. Celui-ci était aussi embarrassé que son élève pour comprendre le mystère de cette royale métaphysique. Cependant le cas était pressant; un professeur ne pouvait avouer qu'il ignorât quelque chose, mais il était bien plus honteux encore de ne pas comprendre l'empereur; il se jeta donc dans une longue recherche sur l'essence de la mort, jusqu'à ce que Napoléon s'apercevant qu'il n'était pas entendu, et que le métaphysicien s'égarait dans un sujet inconnu, lui tourna le dos brusquement, prononçant le mot *bêtise!* qu'il articula trop bien pour que tous ceux qui l'entouraient ne l'entendissent pas. — Il entra dans une autre classe en répétant toujours sa question: *Che scuola!* etc., c'était la classe de mathématiques, sa science favorite; son œil brilla de plaisir, lorsqu'on le lui eut dit. Il regarda un instant autour de lui avec satisfaction, puis, prenant un livre des mains d'un jeune écolier, il lui donna un problème à résoudre. Lorsque le jeune homme eut rempli la tâche que lui avait imposée le mathématicien *impérial*, sa majesté dit en le regardant: « *Non è così,* » vous vous trompez. Le jeune homme soutint hardiment que c'était *così* et qu'il avait raison. Napoléon lui arracha le livre et le crayon des mains, et le maître, venant au secours de l'empereur, essaya de le convaincre que son élève ne se trompait pas, à la grande satisfaction de toute la classe qui ne cherchait pas même à cacher sa joie. Alors Napoléon prit l'ardoise, et pendant que le maréchal Jourdan et les autres baillaient derrière lui, il se mit à résoudre lui-même son problème. Enfin, pleinement convaincu de son erreur, il rendit l'ardoise au jeune homme avec un « *si si è bene;* » mais avec l'air chagrin d'un écolier qui a perdu sa place dans une composition. Il passa ensuite dans une autre classe : c'était celle de Volta, le Newton de l'électricité. Napoléon courut à lui les bras ouverts, et demanda qu'on suspendît la classe.

❋

Le Baptême.

Madame de ***, dame du palais de l'impératrice Joséphine, demande une audience à Napoléon. Elle l'obtient sans délai, et lui expose que son mari est embarrassé ; qu'il a des procès ruineux qui nécessitent des avances énormes ; que dans cette position elle avait compté sur ses bontés ; que ce n'était point au souverain mais à l'homme qu'elle s'adressait, et elle lui dit enfin toutes sortes de choses touchantes et tendres, sans sortir des bornes de cette réserve, de cette pudeur délicieuse qui sied si bien aux femmes, et dont celle-ci était connue pour faire profession. Napoléon la remercie d'avoir mis en lui sa confiance, l'assure qu'il lui est tout dévoué, et à l'instant même il lui signe un bon à vue de cent mille francs sur la caisse de sa liste civile.

Madame de ***, autorisée par son mari, fournit une obligation en bonne forme de cette somme, et deux années de la sorte s'écoulent sans qu'il ait été possible de penser au remboursement. Au bout de ce temps, la dame accouche d'une fille. Joséphine est marraine, et elle choisit pour compère le prince Eugène, son fils. On a déjà deviné quel fut le cadeau du baptême ; au fond d'une corbeille magnifique, le billet de cent mille francs fut mis acquitté. Mais ce n'est pas tout : on y trouva encore des diamans pour douze mille francs, un cachemire superfin et des dentelles de la plus rare beauté. C'était une véritable féerie.

Ajoutons bien vite que cette famille avait rendu des services à l'état, et que ces marques de faveur données avec tant de grâce ne pouvaient ni être mieux justifiées, ni inspirer une reconnaissance plus vive et plus durable. Pour qu'un bienfait soit digne d'éloge, il faut qu'il tombe sur des gens d'honneur !

Le vieux Grenadier.

Napoléon, dans la soirée qui précéda la mémorable bataille d'Austerlitz, parcourut les bivouacs de son armée. Il voulait garder le plus stricte incognito, mais il fut bientôt reconnu, et comme c'était la veille de l'anniversaire de son couronnement, on le fêta. Une partie des soldats vint à lui en le saluant des plus flatteuses acclamations. Il traversait le front de bandière du 57ᵉ en disant : « Souvenez-vous qu'il y a bien longtemps que je vous ai nommé *le terrible*, » lorsqu'une illumination subite vint éclairer tout le front du camp ; chaque soldat avait ramassé la paille sur laquelle il devait reposer, l'avait placée sur la ligne des faisceaux et en avait fait des feux de joie. Un vieux grenadier s'approcha de l'empereur et lui dit : « *Tu n'auras pas besoin de t'exposer ; je te promets au nom de tous les grenadiers de l'armée que tu n'auras à combattre que des yeux ; demain nous t'amènerons les canons et les drapeaux de l'armée russe pour célébrer l'anniversaire de ton couronnement.* » Napoléon, ému jusqu'aux larmes, dit en se retirant : « *Cette soirée serait la plus belle de ma vie, si elle n'était empoisonnée par l'idée que demain je perdrai beaucoup de ces braves...* »

L'Engagement de coeur.

Les soldats prenaient quelquefois Napoléon pour confident. Ce qu'ils auraient à peine osé confier à un camarade, il l'exposaient officiellement dans une pétition à leur général. Toute l'armée a gardé le souvenir de ce jeune conscrit qui, dans la campagne de Saxe, pressé, disait-il, de remplir un engagement de cœur, s'adressait au père des soldats pour obtenir son congé; et afin que sa majesté pût voir que ses soldats n'avaient pas mauvais goût, il envoyait aussi le portrait de sa maîtresse (le portrait était épouvantable). L'empereur rit beaucoup, fit prendre des renseignemens auprès du colonel, et les renseignemens étant favorables, accorda le congé, et donna deux mille francs sur sa cassette pour doter le jeune ménage.

Le Courtisan.

Un jour Napoléon, voyant près de lui un de ces êtres qui ne connaissent pas de posture assez humble lorsqu'ils sollicitent quelque faveur, dit à ceux qui l'entouraient : « Je ne sais comment il se fait que, pour entendre cet homme, qui est de huit pouces plus grand que moi, je suis toujours obligé de me baisser. »

Première représentation de la Vestale.

A l'époque où *la Vestale* dut être jouée à l'Opéra, elle y mit en révolution toute la troupe chantante. Ce n'était pas du poète qu'on s'occupait, c'était le musicien qui faisait tourner toutes les têtes. Les acteurs, les actrices voulaient tous faire partie de l'élite à laquelle devait être confiée l'exécution du chef-d'œuvre de Spontini.

Déjà depuis dix jours les débats avaient lieu dans les coulisses. C'était un bruit à ne pas s'entendre, et une confusion qui menaçait de faire tomber en ruines le temple de Polymnie. Napoléon fut instruit de ce désordre, et, voulant connaître par lui-même la cause de ces démêlés, il appela le directeur, le chef d'orchestre, le compositeur, et, dans son cabinet, devant quelques dames qu'il avait invitées à ce grave conseil il examina la partition, et, après qu'il en eut essayé au piano les principaux passages, il régla lui-même la distribution des rôles, il donna des idées sur la mise en scène, notamment pour le triomphe de Licinius, l'apparition du grand prêtre après le serment sur l'autel sacré, le coup de foudre qui annoncerait au troisième acte la volonté favorable des dieux, et il fit si bien enfin de toutes manières que, levant toutes les difficultés, il assura aux Parisiens la jouissance d'un spectacle dont il avait le premier deviné tout l'effet et tout l'éclat.

Napoléon ne voyait point de détails au-dessous de lui quand il s'agissait des plaisirs d'un peuple qu'il aimait, et dont il préparait ailleurs la fortune et la gloire.

L'Empereur Alexandre.

Napoléon en recevant l'empereur Alexandre dans une ville frontière de ses états, désira profiter de cette heureuse circonstance pour le faire jouir de la représentation de nos chefs-d'œuvre dramatiques. En conséquence, les comédiens ordinaires du Théâtre-Français de S. M. furent envoyés et arrivèrent à Erfurt. L'une de ces représentations fournit à l'empereur de Russie l'occasion de faire une allusion remplie de grâce.

Dans la première scène d'*OEdipe*, *Philoctète* dit à *Dimas*, son ami et son confident :

L'amitié d'un grand homme est un bienfait des Dieux.

A ce vers, Alexandre se tourna vers Napoléon, et lui présenta la main avec toute la grâce possible, en ayant l'air de lui dire: « *Je compte sur la vôtre.* »

Quelques jours après, au moment de passer dans la salle à manger, l'empereur Alexandre voulant ôter son épée, s'aperçut qu'il n'en portait point, et qu'il l'avait oubliée chez lui.... L'empereur Napoléon, qui venait d'ôter la sienne, s'approcha de lui, et le pria de l'accepter, avec une grâce parfaite. L'empereur de Russie la reçut avec empressement: « *Je l'accepte*, dit-il, *comme une marque de votre amitié.* Votre majesté est bien certaine que je ne la tirerai jamais contre elle ! ! ! »

Qu'étaient devenues, en 1812, l'*amitié* et l'épée du *grand homme ?*

M. Ameilhon.

Un jour que M. Ameilhon faisait partie d'une députation, et qu'il allait pour la première fois chez Napoléon, avec un désir ardent d'en être remarqué et d'en obtenir quelques mots en passant, il se met très en vue dans la salle d'audience. Ce dernier, en effet, apercevant une figure qu'il ne connaissait qu'imparfaitement, s'approcha de lui en lui disant : « n'êtes-vous pas M. Ancilion? —Oui, sire... Ameilhon.—Ah! sans doute, bibliothécaire de Sainte-Geneviève?—Oui, sire... de l'Arsenal.—Et je le savais; vous êtes le continuateur de l'*Histoire de l'Empire ottoman?*—Oui, sire... de l'*Histoire du Bas-Empire.*» A ces mots, Napoléon s'impatientant lui-même de ses méprises, lui tourna brusquement le dos; et M. Ameilhon, ne sentant que l'honneur et la joie d'avoir arrêté quelques minutes près de lui l'empereur, se pencha vers son voisin en lui disant avec emphase : « *l'Empereur est étonnant ; il sait tout.* »

L'Orage.

Quelques jours avant son entrée à Berlin, Napoléon fut surpris par un orage, sur la route de Postdam. Il était si violent et la pluie si abondante que l'empereur fut obligé de se réfugier dans une maison voisine. Enveloppé dans sa capote grise, il fut bien étonné de voir une jeune femme que sa présence faisait tressaillir : c'était une Egyptienne, qui avait conservé pour lui cette vénération religieuse que lui portaient les Arabes. Veuve d'un officier de l'armée d'Orient, la destinée l'avait conduite en Saxe dans cette même maison, où elle avait été accueillie. L'empereur lui donna une pension de douze cents francs, et se chargea de l'éducation d'un fils, seul héritage que lui eût laissé son mari : « C'est la première fois, dit Napoléon aux officiers de sa suite que je mets pied à terre pour éviter un orage, j'avais le pressentiment qu'une bonne action m'attendait là. »

L'Epée du Grand Frédéric.

L'empereur ayant trouvé à Postdam l'épée du Grand Frédéric, la ceinture que ce prince avait portée dans la guerre de sept ans, et le grand cordon de ses ordres, dit en saisissant ces nobles trophées : « Je les préfère à tous les trésors du roi de Prusse; je les enverrai à mes vieux soldats des campagnes de Hanôvre; le gouverneur des Invalides les gardera comme un témoignage des victoires de la grande armée, et de la vengeance qu'elle a tirée des désastres de Rosbach. »

La Selle d'or.

Napoléon ayant reçu des plaintes sur la mauvaise qualité des selles et harnois, dit un jour à Bessières : « Le commissaire a raison de refuser cette fourniture, s'il la trouve mauvaise. — Ce n'est pas là le cas, répondit Bessières, c'est une pure méchanceté de la part du commissaire. La fourniture est bonne, et les fournisseurs demandent à être admis à le prouver. Ce sont d'honnêtes gens, mes compatriotes, et je m'intéresse à eux. Si leur demande n'était pas juste, je serais le premier à la repousser. » Bessières avait prononcé cette défense des fournisseurs d'un ton plein de chaleur ; Napoléon lui dit en souriant : « Ne répétez pas cela à d'autres, car on dirait que vos protégés, pour faire passer leurs selles, vous en ont donné une d'or. »

Trait de Clémence.

Considéré comme l'un des principaux instigateurs de la guerre, le prince de Hartzfeld avait été exilé de Berlin. Des papiers saisis aux avant-postes apprirent que ce prince entretenait une correspondance avec les ministres du roi de Prusse. L'empereur ordonna la formation d'une commission militaire pour juger ce délit, conformément aux lois de la guerre. M. de Hartzfeld courait le risque d'être fusillé, lorsque son épouse vint se jeter aux pieds de Napoléon. Touché de sa douleur, ce monarque lui remit une lettre interceptée qui ne laissait pas le moindre doute sur la culpabilité du prince, et dit, après qu'elle en eut pris lecture : « Puisque vous tenez cette lettre fatale, jetez-là au feu ; une telle pièce anéantie, on ne pourra plus condamner votre mari. »

Le Jésuite.

Lorsque l'empereur pénétra en Espagne à la tête de ses vaillantes légions, une députation du clergé de Tolosa alla au-devant de lui à la porte de la ville, et s'empressa de le féliciter sur son heureuse arrivée dans le pays. Au nombre des prêtres et des moines qui furent admis au *baise-mains*, il s'en trouva un d'une si méchante mine que Napoléon, le regardant fixement, en face, lui dit d'un ton fort sec : « Pour vous, senor fraly (monsieur le frère), vous m'avez bien l'air d'un de ces chefs fanatiques qui font égorger mes soldats lorsqu'ils se rendent isolément aux hôpitaux... » L'homme en froc auquel s'adressaient ces paroles était un ancien jésuite, qui recula d'épouvante à ce compliment, fait moitié en italien et moitié en français. Il balbutia quelques mots pour se disculper d'une prévention aussi défavorable, et puis, se rejetant aux derniers rangs de la députation, il prit le parti de s'esquiver, de quitter le poste et la ville, et, depuis lors, on ne le revit plus.

Bien lui prit de s'être évadé, car on fit des recherches sur son compte, et il se trouva que non-seulement il avait à se reprocher plusieurs meurtres commis par ses ordres sur la route de Bayonne à Tolosa, mais encore on apprit, le soir même, qu'il était le plus ardent des sept à huit scélérats qui avaient juré d'assassiner l'empereur!

Wieland.

Dans l'automne de 1808, quelques-uns des princes, réunis au congrès d'Erfurt, vinrent passer quelques jours à la cour de Weimar; de ce nombre était Napoléon. Il avait à sa suite une troupe de comédiens français, qui louèrent la salle de spectacle, et representèrent, le 6 octobre, la tragédie de la *Mort de César*, de Voltaire. Wieland assista à la représentation de cette pièce, dans laquelle devait jouer Talma, et se plaça, selon l'usage, dans une des secondes loges de côté, réservée à la famille ducale, à laquelle il était attaché en qualité de précepteur. Napoléon le remarqua et demanda qui était ce vieillard vénérable, coiffé d'une calotte de velours noir, car tel était le costume de Wieland, qui, ne voulant pas porter de perruque, et étant exposé, par la nudité de son chef, à avoir constamment froid à la tête, portait une calotte ronde, semblable à celle des prêtres catholiques. Le prince primat ayant appris à Napoléon que c'était Wieland, l'empereur témoigna le désir de le voir après le spectacle. Wieland fut en conséquence introduit dans la salle du bal, où la cour se réunit après le spectacle. Wieland, dans une de ses lettres, fait de la manière suivante, le récit intéressant de son entrevue avec Napoléon :

« J'étais à peine depuis quelques minutes dans la salle, que Napoléon la traversa pour venir à nous; la duchesse me présenta à lui avec le cérémonial accoutumé; il m'adressa quelques éloges d'un ton affable et en me regardant fixement. Bien peu d'hommes m'ont paru, comme lui, posséder le don de lire, au premier coup-d'œil, dans la pensée d'un autre homme. Il devina à l'instant, que, malgré ma célébrité, j'étais simple dans mes manières et sans prétention, et comme il paraissait vouloir faire sur moi une impression favorable, il avait pris, dès en m'abordant, le ton le plus propre à atteindre son but. Je n'ai jamais vu d'homme plus calme, plus simple, plus doux et moins prétentieux en apparence; rien en lui n'indiquait le sentiment de la puissance d'un grand monarque; il me parla comme une ancienne connaissance parlerait à son égal, et ce qui est plus extraordinaire de sa part, il causa exclusivement avec moi pendant une heure et demie, à la grande surprise de toute l'assemblée. Enfin, vers minuit, je commençai à sentir qu'il était inconvenant de le tenir aussi long-temps, et je pris la liberté de demander à sa majesté la permission de me retirer. « *Allez donc*, me dit-il, d'un ton amical, bon soir. »

» Voici les traits les plus remarquables de notre conversation : la tragédie qu'on venait de représenter, nous ayant amenés à parler de Jules-César, Napoléon dit que c'était un des plus grands hommes de l'histoire ; « et il eût été en effet le plus grand, ajouta-t-il, sans la sottise qu'il commit. » J'allais lui demander de quelle faute il voulait parler, lorsque paraissant lire ma question dans mes yeux ; il continua : « César connaissait les hommes qui voulaient se débarrasser de lui, il aurait dû se débarrasser d'eux d'abord. » Si Napoléon eût pu voir ce qui se passait alors dans mon âme, il y aurait lu qu'on ne l'accuserait jamais d'une semblable sottise.

« De César, la conversation tourna sur les Romains ; il loua avec chaleur leur système politique et militaire. Les Grecs, au contraire, ne paraissaient pas jouir de son estime. « Les éternels démêlés de leurs petites républiques, dit-il, n'étaient pas propres à donner naissance à rien de grand ; au lieu que les Romains se sont toujours attachés à de grandes choses, et c'est ainsi qu'ils ont créé ce colosse qui traversa le monde. » Je plaidai en faveur des arts et de la littérature des Grecs; ils les traita avec mépris, et dit qu'ils ne servaient chez eux qu'à alimenter les dissentions. Il préférait Ossian à Homère. Il n'aimait que la poésie sublime, les écrivains pathétiques et vigoureux, et par-dessus tout, les poètes tragiques. Il parlait de l'Arioste dans les mêmes termes que le cardinal Hyppolite d'Este; ignorant sans doute que c'était me donner un soufflet. Il semblait n'avoir aucun goût pour tout ce qui est gai, et malgré l'aménité flatteuse de ses manières, une observation me frappa souvent, il paraissait de bronze.

« Cependant, Napoléon m'avait mis tellement à l'aise, que je lui demandai comment il se faisait que le culte public, qu'il avait restauré, en France, ne fut pas devenu plus philosophique, et plus en harmonie avec l'esprit du temps. « Mon cher Wieland, répondit-il, la religion n'est pas faite pour les philosophes; ils ne croyent ni en moi, ni en mes prêtres; quant à ceux qui croyent, on ne saurait leur donner ou leur laisser trop de merveilles. Si je devais faire une religion pour les philosophes, elle serait tout opposée à celle des gens crédules. » La conversation continua ainsi pendant quelque temps, et Napoléon poussa le scepticisme au point de douter que Jésus-Christ eût jamais existé. Ce scepticisme n'est que trop ordinaire, et je n'y trouvai rien d'étonnant, si ce n'est la franchise avec laquelle il s'exprimait. »

Peu de temps après cette entrevue, Napoléon envoya à Wieland le brevet de la Légion-d'Honneur.

Cromwell.

Dès ses premières années, Bonaparte pensait grandement : son oncle Fesch l'avait plus d'une fois surpris une vie de Cromwell à la main. Un jour, il lui demanda ce qu'il pensait de cet usurpateur? « Cromwell, répondit-il, est un bon ouvrage ; mais il est incomplet. » L'oncle qui croyait que son neveu parlait du travail de l'historien, lui demanda quelle faute il reprochait à l'auteur. « Morbleu ! lui répliqua vivement Bonaparte, ce n'est pas du livre que je vous parle, c'est du personnage. »

M. Dupuis.

Le jeune Bonaparte se trouvant un jour en présence de M. Dupuis, chef d'un nombreux pensionnat, dans un cercle où la conversation roulait sur les malheurs attachés à la couronne dans les temps de révolution : « Savez-vous pourquoi les rois sont à plaindre? dit-il, tout-à-coup. — C'est peut-être vous qui nous le direz, répliqua M. Dupuis, étonné de la hardiesse du jeune écolier. — Oui, Monsieur, continua ce dernier, et j'ose vous assurer que votre pensionnat est plus difficile à conduire que le premier royaume du monde. La raison en est que vos élèves ne vous appartiennent point, et qu'un roi qui veut fortement l'être, fut toujours le maître de ses peuples. » Tout le monde se mit à crier au sophisme. « Criez tant que vous le voudrez, leur dit le jeune écolier; si j'étais roi, je vous prouverais ce que j'avance. »

❋

Turenne.

Un jour on faisait devant le jeune Bonaparte l'éloge de Turenne. Une dame de la compagnie se mit à dire : « Oui, c'était un grand homme, mais je l'aimerais mieux s'il n'eût point brûlé le Palatinat.—Qu'importe ! reprit vivement Bonaparte, si cet incendie était nécessaire à sa gloire ! » Bonaparte avait alors quatorze ans.

Le Ballon.

Le 2 mars 1784, au moment où l'aéronaute Blanchard allait faire l'expérience au Champ-de-Mars d'un ballon qu'il prétendait diriger par le moyen de deux ailes mouvantes, un jeune élève de l'école militaire, âgé de quinze ans, voulut absolument l'accompagner, et se jeta même dans la nacelle malgré la garde; ce qui rompit une des aîles et ne permit pas d'exécuter l'expérience : quel était cet élève? Napoléon Bonaparte.

M. Séguier.

Lorsque M. Séguier fut nommé président de la cour d'appel de Paris, on le présenta à l'empereur, qui ne le connaissait pas encore; celui-ci, qui le croyait plus âgé, ne put s'empêcher de témoigner de la surprise. « M. Séguier, lui dit-il, vous êtes bien jeune.—Sire, lui répliqua le spirituel magistrat, j'ai l'âge qu'avait votre majesté quand elle gagna la bataille de Marengo. »

Les deux Bucherons.

Napoléon, étant à la chasse dans la forêt de Compiègne, descendit de cheval et se promena accompagné de Caulaincourt. Il rencontra deux bucherons qui, fatigués de leur travail, se reposaient un instant assis sur un tronc d'arbre. Ils avaient servi tous deux dans la campagne d'Égypte. L'un d'eux reconnut l'empereur, et se leva aussitôt. Caulaincourt voulut faire lever l'autre. « Non, dit l'empereur, ne voyez-vous pas qu'ils sont fatigués? » Il fit rasseoir celui qui était debout, s'assit lui-même quelques instans sur le même tronc d'arbre; causa avec eux de l'expédition d'Egypte, et de leurs affaires particulières : et ayant appris que l'un d'entre eux n'avait pas obtenu de pension de retraite, il la lui accorda, et donna dix napoléon à chacun en se retirant.

Le Mouchoir.

Un jour, Napoléon se trouvant chez l'impératrice, s'aperçut qu'il avait oublié son mouchoir. On lui en présenta un qui appartenait à Marie-Louise, et qui était brodé et garni de dentelles. Il en demanda le prix à la dame qui le lui offrait. « Sire, répondit-elle, il peut être de 80 à 90 francs. » Il s'en fit répéter le prix une seconde fois, et l'ayant bien entendu : « Si j'étais, dit-il, une dame de l'impératrice, je lui en volerais un tous les jours; cela vaudrait mieux que mes appointemens. — Il est heureux, sire, repartit-elle en riant, que sa majesté n'ait auprès d'elle que des personnes plus sûres et moins intéressées que vous voulez bien le faire paraître. » L'empereur ne s'offensa pas de cette réponse.

Le Bal masqué.

Dans un bal masqué qui eut lieu chez la reine de Naples, une femme en domino, excitée par la jalousie, dévoila à un général l'amour que sa femme avait pour le roi de Naples. Le mari, furieux, alla se plaindre à l'empereur. « Hé! mon cher! lui dit l'empereur en souriant, je n'aurais pas le temps de m'occuper des affaires de l'Europe, si je me chargeais de venger tous les cocus de ma cour. »

Ermenonville.

Le premier consul étant à Morfontaine, chez son frère Joseph Bonaparte, vint un matin déjeûner à Ermenonville. Le spirituel propriétaire, M. Stanislas de Girardin, commença par lui donner le plaisir de la chasse aux lapins dans le désert. Une partie de ces lapins moins sauvages que les autres étaient si curieux d'admirer le héros de l'armée d'Italie, que, loin de fuir, ils accouraient se grouper autour de lui. Le premier consul prenait un plaisir singulier à ce spectacle nouveau, dont il finit par soupçonner le secret, et l'heure de la collation s'écoulait. On retourna enfin au château, et l'on trouva madame Bonaparte à table. Le premier consul fronça le sourcil, comme s'il était mécontent qu'on ne l'eût pas attendu, et dit : « Il paraît que les femmes commandent ici. » Il ne mangea que quelques feuilles de salade, et but un verre de vin de Bordeaux. Il se leva ensuite pour aller visiter les jardins, qu'il ne connaissait pas, et qu'il prit plaisir à parcourir. Arrivé dans l'île des peupliers, il s'arrêta devant le tombeau de Jean-Jacques, et dit: « Il aurait mieux valu pour le repos de la France que cet homme n'eût pas existé. — Et pourquoi? citoyen consul, repartit Girardin. — C'est lui qui a préparé la révolution française. — Je croyais, citoyen consul, que ce n'était pas à vous à vous plaindre de la révolution. — Eh bien! répliqua-t-il, l'avenir apprendra s'il n'eût pas mieux valu, pour le repos de la terre, que ni Rousseau ni moi n'eussions jamais existé. » Et il reprit d'un air rêveur sa promenade.

Crescentini.

Crescentini était un chanteur d'un rare mérite, de la classe qu'on appèle *castrati*. Il était célèbre par ses succès sur les principaux théâtres, et dans les premières cours de l'Europe. Napoléon désirant encourager le mérite dans tous les genres, et comme c'était pour son malheur et non par sa faute que Crescentini avait été mutilé, puisque, probablement, il n'avait qu'un an ou deux quand on lui avait fait cette opération, il lui donna la croix de la couronne de fer. Cet acte déplut à beaucoup de personnes, qui dirent qu'un être qui n'était pas homme ne devait pas porter un ordre réservé aux hommes. Il y eut à cet égard de grandes discussions dans lesquelles madame Grassini prit également part.

Tandis que d'autres blâmaient l'empereur, madame Grassini dit : « Je pense que Napoléon a bien fait de lui donner cet ordre; je crois qu'il le mérite.» Questionnée sur le motif de son opinion, elle répliqua : « Je pense qu'il le mérite, ne fût-ce qu'à cause de ses blessures. » — Cette saillie excita un rire général, et mit fin à l'affaire. Personne n'en rit plus que Napoléon.

La Prose et les Vers.

A l'époque du consulat, madame D.... rassemblait quelquefois chez elle, non un cercle brillant, comme c'est aujourd'hui l'usage chez les gens du grand monde, mais un petit cercle d'amis, parmi lesquels on remarquait plusieurs poètes aimables et des orateurs distingués.

Un soir que Legouvé et Vigée venaient de lire de beaux et de jolis vers, tout-à-coup entre M. F. F..., député. « Puisque vous vous occupez de poésie ce soir; je vais vous réciter des vers que j'ai composés pour le premier consul », et sans attendre de réponse, il se mit à les débiter. On sait que les vers de circonstance sont rarement très-bons : M. F. F..., dans son enthousiasme pour le premier consul, qui venait de *détrôner l'anarchie*, faisait un éloge pompeux de son héros. Savoie-Rollin, et plusieurs autres personnes, qui, du fauteuil consulaire, voyaient d'avance s'élever un nouveau trône, loin d'admirer la pièce du député poète, le raillèrent sur la bonne foi qu'il avait de croire à un nouveau Washington. Le seul Camille Jordan, qui se fiait toujours aux paroles des autres, parce que son âme pure croyait toujours au bien, ne plaisanta point le député sur sa bonne foi. Ce dernier sortit alors de son portefeuille une lettre charmante du consul, dans laquelle il louait le député sur ses vers, et plus encore sur son amour pour la liberté. Le petit cercle osa railler la lettre, ainsi qu'il avait raillé les vers.

Quelques années après, le bruit courut que le premier consul voulait se faire empereur; aussitôt tous les salons de Paris commentent là-dessus; les uns se déclarent pour, les autres contre; grande rumeur dans les sociétés, mais la ville demeure tranquille, et *le petit homme des Tuileries,* pour nous servir du titre que Chénier donnait à Napoléon, n'en alla pas moins son train.

F. F..., resté fidèle au consulat, crut de son devoir d'écrire au premier magistrat de la république, pour lui faire sentir qu'en s'élevant il allait s'abaisser, déplaire à la France, et peut-être avec le temps tomber du faîte des honneurs dans la plus cruelle infortune. F. F..., jaloux de s'honorer par cette démarche hardie, apporte au cercle intime cette lettre, remplie de raison, de sagesse, et de véritable éloquence. —Quelle réponse avez-vous reçue? lui demanda Savoie-Rollin. — Je n'ai porté ma lettre aux Tuileries qu'il y a trois jours, et le consul a tant d'affaires!...

» —Vous ne recevrez pas cette fois de réponse, répliqua Savoie-Rollin.—Oh! vous ne connaissez pas le consul, il lit tout, et mes réfléxions ne seront pas sans effet ; soyez-en persuadé. »

Toutes les personnes du cercle intime se mirent à rire ; ensuite une vive altercation eut lieu ; enfin on paria un déjeûner d'huîtres que la lettre resterait sans réponse. F. F... paria le contraire, et l'idée de manger de bonnes huîtres en bonne compagnie fit cesser toute discussion.

L'Europe sait qui paya le déjeûner ; mais ce qu'elle ne sait pas, c'est le résultat qu'eut la lettre pour F. F....

Le jour de l'an arrive ; tous les corps de l'État s'assemblent pour aller présenter leurs hommages à sa majesté. Le sort désigne vingt-cinq membres de la chambre ; le nom de F. F... se trouve dans l'urne ; il est du nombre de la députation solennelle et jouit de l'honneur de voir face à face son souverain. Napoléon s'approche du député, et lui dit ; « M. F. F...., faites-vous toujours des vers ? — *Non, sire ; avec le con-*

sulat m'a lyre s'est brisée. — Tant pis, j'aimais mieux vos vers que votre prose.» Le souverain fait une pirouette et va parler à d'autres personnes.

Dans cinq autres circonstances le sort désigne F. F...., et quatre fois il reçoit le même accueil, il entend les mêmes paroles. La cinquième fois, c'était en 1812, à cette dernière phrase de l'empereur : *J'aime mieux vos vers que votre prose*, le député fatigué de la répétition, répliqua un peu vivement : *Eh, sire, les gens modérés sont quelquefois prophètes.* L'empereur fronça le sourcil, et alla causer avec un général.

Talma.

Napoléon, dans une conversation avec le grand tragédien que la France a perdu, lui disait un jour : « Talma, vous venez souvent le matin chez moi; qu'y voyez vous? Ce sont des princesses à qui on a ravi leur amant, des princes qui ont perdu leurs états, d'anciens rois à qui la guerre a enlevé le rang suprême, de grands généraux qui espèrent ou demandent des couronnes; il y a autour de moi des ambitions déçues, des rivalités ardentes, des catastrophes, des douleurs cachées au fond du cœur, des afflictions qui éclatent au-dehors. Certes, voilà bien la tragédie; mon palais en est plein; et moi-même je suis assurément le plus tragique des personnages du temps. Hé bien! nous voyez-vous lever les bras en l'air, étudier nos gestes, prendre des attitudes, affecter des airs de grandeur? Nous entendez-vous pousser des cris? Non, sans doute. Nous parlons naturellement comme chacun parle quand il est inspiré par un intérêt ou une passion. Ainsi faisaient avant moi les personnages qui ont occupé la scène du monde et joué aussi des tragédies sur le trône. Voilà des exemples à méditer. »

Un événement politique d'une haute importance a dû sa naissance à l'une des conversations de Napoléon avec Talma : c'est la mesure qui a rendu aux juifs un état civil en France. La tragédie d'*Esther* avait été représentée à la Cour, dans les premiers jours de juillet 1806. Le lendemain, Talma parut, comme de coutume, au déjeûner de l'empereur, auquel assistait M. de Champagny, alors ministre de l'intérieur. La conversation s'établit sur la représentation de la veille : « C'était un pauvre roi que cet Assuérus, » dit Napoléon à Talma ; et se tournant presque au même instant vers le ministre de l'intérieur : « Que font aujourd'hui ces juifs? Quel est leur existence? Faites-moi un rapport sur eux. » Le rapport fut fait, et quinze jours environ après cette conversation, le Gouvernement convoqua, le 26 juillet 1806, la première assemblée des notables d'entre les juifs, dont le but était de fixer le sort de cette nation, et de lui donner en France une existence légale.

Le Matelot anglais.

A l'époque du camp de Boulogne, l'entreprise hardie d'un prisonnier anglais pour recouvrer sa liberté fixa pendant plusieurs jours l'attention publique. Parvenu à s'échapper du dépôt, il avait gagné les bords de la mer ; les bois lui servaient de refuge. Il y construisit un bateau avec des écorces d'arbres sans d'autres instrumens qu'un couteau. S'il lui avait fallu beaucoup d'industrie pour créer un pareil moyen d'évasion, il lui fallait beaucoup de courage pour songer à l'employer. Il y était déterminé, cependant. Quand le temps était clair, il montait sur les arbres les plus élevés, et de là, comme d'un phare, il tâchait de découvrir le pavillon de l'Angleterre. Un jour, enfin, il aperçoit un navire qu'il reconnaît pour un croiseur anglais; il descend de l'arbre avec précipitation, charge sa barque sur ses épaules, et court vers la mer. Il avait été aperçu, et au moment où il croit recouvrer sa liberté, on le charge de nouvelles chaînes. On l'accuse d'abord d'espionnage, mais un espion pouvait-il avoir l'audace ou l'imprudence de s'abandonner aux vagues sur la foi de quelques écorces d'arbres. Chacun dans l'armée voulut voir la barque, et Napoléon, à qui cela revint, voulut la voir aussi. Étonné qu'un homme ait eu la pensée d'affronter la mer sur une aussi frêle embarcation, il fait venir le jeune matelot devant lui, l'interroge sur son projet; il désire en connaître tous les détails, et le pauvre prisonnier les raconte naïvement. Mais l'étonnement de Napoléon se change presque en admiration lorsqu'il entend le jeune anglais lui demander pour toute grace qu'on lui permette de s'embarquer, et d'exécuter le plan qu'il avait conçu. « Tu as bien envie de revoir ton pays, lui dit l'empereur ; y as-tu donc laissé ta maîtresse ? — Non, répond le matelot, c'est une mère pauvre et infirme que je voudrais revoir. — Tu la reverras, s'écrie Napoléon. » Et sur-le-champ les ordres sont donnés pour que ce noble jeune homme soit rendu à la liberté. Napoléon ne borne par là son bienfait; il lui prodigue des secours de toute espèce, et lorsqu'il s'embarque, il lui fait remettre une somme d'argent pour l'objet de sa piété filiale. « Elle doit être bonne mère, disait-il, puisqu'elle a un si bon fils. »

Le Valet infidèle.

Napoléon, lors de son premier séjour à Berlin, parut désirer vivement qu'une jeune fille qu'il avait remarquée lui fut présentée. C'était une de ces jolies personnes destinées par leurs parens à gagner elles-mêmes la dot qu'ils ne peuvent leur fournir, et dont ils ne veulent pas qu'elles se passent. Elle fit bientôt la conquête du conquérant, et sut charmer quelquefois les ennuis que lui causaient les affaires.

Après un séjour de six semaines, Napoléon quitta Berlin. Le secret observé sur sa vie intérieure, n'aurait point laissé connaître cette petite particularité si le payeur du premier corps d'armée n'eût rencontré quelque temps après la jolie prussienne, et ne fût entré dans ses bonnes graces à peu près aussi avant que Napoléon. Dans son ingénuité, elle lui raconta quelles douces relations avaient existé entre elle et l'empereur, et en parlant du héros, elle paraissait encore toute fière d'amour. La première idée du payeur est ordinairement un calcul. « Vous devez avoir été contente des procédés de l'empereur, dit-il à l'aimable enfant, son cœur est si grand, si généreux! — Oh! enchantée, il était si bon, si empressé, si complaisant, il était aux petits soins pour moi. — Je le crois, mais encore il doit vous avoir laissé des gages de son amitié, quelques preuves de souvenir? — Oui, sans doute, il m'a promis dix fois que je le reverrais, qu'il ne m'oublierait point à son retour, Dieu conserve ce héros! — C'est fort bien; mais voyons, pendant son séjour ou à son départ, que vous a-t-il donné? — Rien, mais je ne me rappelle pas moins son cher souvenir, et l'avoir connu fera toujours mon bonheur! »

Tout cela parut fort touchant sans doute au payeur, mais il lui sembla qu'on pouvait s'attendre à quelque chose de mieux. En quittant la jeune fille, il rencontra le comte Estève, trésorier général de la Couronne, auquel il raconta l'aventure et les soupçons qu'il avait conçus. Celui-ci en entretint le duc de Feltre, gouverneur-général de la Prusse, et ils convinrent de questionner à ce sujet le grand maréchal du palais.

Duroc, auquel ils avaient écrit, en parla à Napoléon lui-même ; l'empereur fit aussitôt appeler un de ses valets-de-chambre, et lui dit, en le regardant d'un œil sévère : « Qu'avez-vous fait des diamans que je vous ai chargé de porter à une jeune dame de Berlin ? » Cet homme ne répondit qu'en tombant aux pieds de son maître, et il avoua son crime. M. Estève eut ordre d'envoyer soixante mille francs à la jolie prussienne qui n'en aima pas davantage l'empereur, mais qui, aux yeux du payeur, eut une raison de plus pour ne pas l'oublier.

Le Cardinal Fesch.

Les ennemis de Napoléon, n'ayant pu nier la supériorité de son génie, se sont appliqués à noircir son caractère. Ils l'ont peint dur, brutal, cruel. Jamais portrait ne fut moins ressemblant. Sans doute, ce prince se laissait facilement emporter au-delà des bornes de la modération; mais cet emportement impétueux comme la foudre, n'était pas moins rapide qu'elle. Dans une discussion qu'il eut avec le cardinal Fesch, il s'était emporté jusqu'à lui crier qu'il le réduirait à obéir. «—Eh! qui conteste votre puissance? répondit le cardinal. Mais force n'est pas raison; car si j'ai raison, toute votre puissance ne me fera point avoir tort. D'ailleurs, votre majesté sait que je ne crains pas le martyre. — Le martyre, répliqua Napoléon, en passant de la violence au sourire : ah! n'y comptez pas, monsieur le cardinal; c'est une affaire où il faut être deux; et quant à moi, je ne veux martyriser personne. »

L'Officier aux arrêts.

Un jour il y eut un bal d'apparat chez M. le comte Dejean, ministre de l'administration de la guerre. Rien n'avait été épargné pour que les salons fussent éblouissans par la décoration et les lumières. Les femmes surtout y étaient charmantes. Les sœurs de Napoléon y parurent toutes, et la princesse Murat se distinguait entre elles par l'éclat de sa blancheur et de ses diamans. Elle ouvrit le bal avec le général Junot; le colonel portugais de Souza était de la contredanse, et son uniforme élégant attirait les regards de toutes nos belles.

Mademoiselle de Par****, de la maison Byron, valsait comme une nymphe légère; on se pressait autour d'elle pour la voir, et alors elle ne songeait guères à ces lieux qu'elle habite aujourd'hui loin de la France dontelle est à regret exilée.

Il y avait un salon moins brillant où l'on voulait, à cause de l'affluence, établir des quadrilles supplémentaires. C'était à qui n'irait pas *s'y enterrer*, comme on disait. M. de Flahaut s'y rendit cependant avec madame de Cler..., sœur d'un de nos maréchaux-de-camp aujourd'hui le plus en crédit; elle était jeune et jolie, et on l'appelait la reine des grâces : aussitôt tout le monde d'y courir. Ce second salon devint le premier, et le plaisir s'accommodait fort bien d'un peu moins de clarté et d'étiquette.

Bientôt on annonce l'empereur ; il vient entouré de ses aides-de-camp ; la foule se précipite au-devant de ses pas : c'est plus le héros que l'empereur qu'on admire ; la simplicité de son maintien, l'affabilité de ses manières, tout éloigne l'idée du despotisme ; il écoute, il sourit, il serre la main en passant à ses compagnons d'armes, il salue les femmes avec respect, il appelle par leur nom les plus jeunes officiers de sa garde. Il y en avait un, sous-lieutenant dans les dragons de l'impératrice, qui était un des plus étourdis de l'armée, mais aussi l'un des plus braves. Il s'était fait mettre aux arrêts pour trois jours, et quelle fut la surprise de l'empereur (qui n'ignorait aucun des détails de la discipline de sa garde) de le trouver au bal du comte Dejean ! Il le regarda d'un air sévère. « Ah ! sire, les nuits n'en sont pas !... » L'empereur pardonna, mais il n'aurait pas fallu y revenir une autre fois.

L'Album.

Deux jours avant la bataille d'Eylau, Napoléon se logea chez un ministre protestant, à deux lieues du champ de la rencontre. Il couchait dans la bibliothèque : un album était sur la table, et le lendemain, quand l'empereur fut parti, on y trouva ces mots écrits de sa main : « Asile heureux de la tranquillité, pourquoi es-tu si voisin du théâtre des horreurs de la guerre ? » Ainsi, dans les profondeurs de cette âme ardente et mystérieuse, les inspirations de la sagesse s'unissaient aux vastes projets de l'ambition.

Le Cabinet de Bain.

Tacite vantait les Germains pour donner des leçons sévères aux citoyens de la Rome corrompue. Ainsi peut-être madame de Staël espéra de nous rendre meilleurs en nous offrant sans cesse pour exemple l'Angleterre, l'Allemagne, l'Italie, qu'elle avait étudiées dans ses voyages. Elle a fait l'éloge de Wellington, et ce n'est pas la plus belle de ses pages; mais elle avait auparavant rendu hommage à la fortune de Napoléon. Elle allait fréquemment aux Tuileries, et elle voulait en ce temps-là se faire nommer dame du palais : elle avait certes tous les droits pour aspirer à cet honneur; elle ne soutenait ses prétentions que par des argumens trop vifs. Il est quelquefois dangereux d'avoir raison. Elle eût éclipsé par ses talens les plus habiles de ses concurrentes; elle eût fait ombrage, par la force de ses idées et l'étendue de ses desseins, à celui-là même de qui elle voulait se rapprocher; du salon de compagnie elle eût tenté de passer dans le cabinet de travail, et au lieu de ne faire que de la littérature et du roman, elle se fût élancée bientôt dans les voies de la diplomatie. L'empereur la tenait donc à distance, et il résistait aux flatteries de cette Corinne brillante qui recelait dans son sein les systèmes et l'ambition des Catherine et des Elisabeth. De toutes les influences, celle que Napoléon redoutait le plus était sans contredit celle des femmes, et la pierre angulaire de son trône était évidemment la loi salique.

Cependant madame de Staël se piquait au jeu, et un jour, un matin, après une nuit de projets et d'espérances, elle apparut de bonne heure sous les voûtes du palais. Elle entre, on veut la retenir, mais elle force la consigne, et, traversant les salles et les galeries, elle marche et s'avance malgré les chambellans et les valets. A la fin on lui crie : « L'empereur est au bain ! » Cela ne peut l'arrêter et la distraire ; elle continue du même pas, et, ouvrant elle-même la dernière porte, elle trouve le héros dans le plus grand désordre de toilette. Il s'excuse, et, un peu confus, il fait observer que dans ce moment il ne peut guère donner audience : « Eh ! qu'importe, sire ? le génie n'a point de sexe.... Ecoutez-moi..... » Alors s'engage une conversation fort originale d'un monarque dans l'eau et d'une Pythonisse en verve, qui se pressent et se heurtent de raisonnemens et de maximes. Le prince, oubliant sa position, fait tête à cet orage imprévu ; et l'autre, élevant la voix, comme si elle eût parlé au nom des destins eux-mêmes, prédit avec chaleur et les maux et les résistances, et l'Europe soulevée et la France abattue, et le sceptre impérial englouti avec les libertés publiques dans l'abîme des temps et le gouffre des mers!

Quiproquo.

Napoléon étant à Raab, allait monter à cheval. Jardin, son premier piqueur, tenait la tête du cheval, et ne voyait pas l'évêque de la ville, qui était derrière lui. Napoléon, le pied sur l'étrier, aperçoit le prélat, et dit tout bas à Jardin : « N'est-ce pas l'évêque?—Non, sire, c'est Soliman. —Je te demande si ce n'est pas l'évêque? —Je vous assure, sire, que vous l'avez monté à l'avant-dernier relais.—Napoléon ne pût s'empêcher de rire du quiproquo. »

L'Etiquette de Cour.

Dans le principe de l'étiquette impériale, M. de Narbonne eut une grâce assez considérable à solliciter. Il se met en tenue sévère, et se rend au *grand lever*. Il a soin de se placer de façon à ne pas manquer le premier coup d'œil, et mettant sa requête dans son chapeau à plumes, il se compose une attitude et un maintien qui annoncent de loin un intention particulière. Napoléon paraît dans le cercle, et il remarque tout d'abord cette circonstance nouvelle pour lui d'un papier au fond d'un chapeau! Cette singularité l'intrigue fort. Un de ses aides-de-camp de service est envoyé aux informations; il s'adresse tout simplement à M. de Narbonne lui-même, qui lui répond d'un grand sang-froid: « J'attends une grâce des bontés de l'empereur; ce placet explique les vœux que j'ai osé former; mais le respect m'interdit jusqu'à la pensée de l'offrir moi-même à sa majesté... Si elle daigne le prendre, je serai trop heureux..... C'est ainsi qu'en usait Louis XIV avec les personnes qui avaient eu l'honneur de lui être présentées. »

Ces paroles ne tardèrent pas être rapportées à Napoléon. On sait qu'il avait du goût et du penchant pour les manières de Louis XIV. Il fut très-flatté de l'*accouplage*, et tournant encore quelques instans dans le cercle, il arriva à M. de Narbonne; prenant aussitôt le placet, il l'assura que sa bienveillance ne lui manquerait pas si la demande qu'il faisait était possible.

Elle fut jugée telle en effet: l'objet de la pétition fut rempli. La flatterie cette fois ne fut pas trouvée maladroite, et si l'on était tenté de rire de la faiblesse de l'empereur, il faudrait se rappeler qu'il se portait alors pour héritier de Louis-le-Grand, et qu'il n'était pas pour lui absolument hors de propos d'en prendre un peu les habitudes.

La Tabatière.

Un jour au camp de Boulogne, Napoléon, accompagné de quelques ingénieurs, se promenait sur le rivage. Un vieux marin s'y promenait aussi, et certes les pensées qui l'agitaient n'étaient pas de la même importance que celles qui occupaient alors l'empereur. On s'aborde, et sans que le vieux loup de mer paraisse embarrassé, on entre en conversation. Tout en causant, Napoléon tire une tabatière d'or et l'ouvre machinalement; le marin fait un petit salut familier et plonge ses deux doigts dans la tabatière. « Diable! dit l'empereur étonné, il paraît que le camarade en use? » et le camarade déconcerté laisse tomber sa prise et se confond en excuses. Napoléon ferme la boîte « Tiens, mon brave, lui dit-il, puisque tu l'aimes, prends la tabatière aussi. »

Le vieux marin n'eut rien de plus pressé que d'aller conter ce qui venait de lui arriver. Il n'y eut pas un mousse qui ne voulut voir la tabatière et cette petite aventure rendit Napoléon plus populaire parmi tous les équipages de la flotte que ne l'eussent pu faire six mois de la paye.

Titres de Noblesse.

L'empereur d'Autriche désirait vivement prouver que son gendre Napoléon descendait en ligne directe de l'un des anciens tyrans de Trévise. A cet effet, il employa diverses personnes pour compulser de vieux titres de noblesse, dans lesquelles il pensait trouver la preuve de ce qu'il désirait avec tant d'ardeur. Il crut avoir réussi, et il écrivit à Napoléon pour demander s'il voulait laisser publier le résultat de ses importantes recherches, revêtu de toutes les formes officielles; Napoléon refusa. Mais l'empereur François avait tellement cette affaire à cœur qu'il écrivit de nouveau à son gendre pour le prier de laisser faire, en ajoutant qu'il n'avait nul besoin de prendre part à la chose. Napoléon répondit qu'il était impossible de faire croire qu'un document qui avait pour objet de prouver l'ancienneté de sa famille, et une descendance masculine d'une souche souveraine, pût être recueilli et publié sans sa participation; qu'il aimait mieux passer pour le fils d'un honnête homme, que pour l'arrière-petit-neveu d'un obscur tyran de l'antique Italie; qu'il était le Rodolphe de sa famille.

Les 365 manières d'apprêter un poulet.

Un jour, à déjeûner (c'était quelque temps après son mariage), Napoléon après avoir mangé avec sa volubilité habituelle une aile de poulet à la tartare, se tourna vers M. de Cussy, qui assistait en personne à tous ses repas, et le dialogue suivant s'établit entre eux : « Diable ! j'avais toujours trouvé la chair du poulet fade et plate ; celui-ci est excellent.—Sire, si votre majesté le permettait, j'aurais l'honneur de lui faire servir chaque jour un poulet apprêté d'une manière nouvelle ?—Comment, M. de Cussy, vous possédez trois cent soixante-cinq façons spéciales d'apprêter un poulet?—Oui, sire, et peut-être votre majesté prendra-t-elle goût, après en avoir essayé, à la science gastronomique. Les grands hommes l'ont de tout temps encouragée; et sans vous citer Frédéric, qui avait attaché exclusivement un cuisinier à la confection de chaque mets particulier, je pourrais invoquer à l'appui de mon assertion tous les noms que la gloire a immortalisés.—Bien, M. de Cussy, nous en essaierons. »

L'empereur mangea le lendemain son aile de poulet avec attention; le troisième jour, il y mit de l'intérêt; bientôt, il admira les ressources prodigieuses de l'art, et finit insensiblement par y prendre goût. Les dîners durèrent un peu plus long-temps; des cuisiniers suivirent l'empereur dans ses campagnes, et lorsque l'Angleterre fit peser sur lui une inhumaine captivité, il a dû quelques instans d'oubli, de gaîté et de repos, à la gastronomie qui finit toujours par reprendre ses droits sur les âmes trempées pour apprécier tout ce qui est beau, bon et utile.

Le Bourguemestre.

Lorsqu'en avril 1810, Napoléon et Marie-Louise vinrent visiter le canal souterrain de Saint-Quentin, et les villes de Cambrai, Valenciennes, etc., etc., le bourguemestre d'un gros bourg de Hollande crut devoir ajouter à l'arc de triomphe qu'il avait fait élever l'inscription rimée que voici :

« Il n'a pas fait une sottise,
« En épousant Marie-Louise. »

Napoléon n'eut pas plutôt aperçu cet effort d'une imagination à la fois politique et poétique, qu'il fit demander le bourguemestre. « M. le maire, lui dit-il, on cultive les muses françaises chez vous?—Sire, je fais quelques vers...... — Ah! c'est donc vous.... Prenez-vous du tabac? ajouta-t-il, en lui présentant une tabatière enrichie de diamants.—Oui, sire, mais je suis confus... —Prenez, prenez; gardez la boîte et le tabac, et

« Quand vous y prendrez une prise,
» Rappelez-vous Marie-Louise. »

L'Etoile.

Un grand préjugé a plané sur toute la vie de Napoléon.... Il croyait à la fatalité. Dans cette fausse direction des idées, toutes les conceptions, tous les projets que son imagination enfantait étaient autant de révélations de sa fortune (1), y résister c'eût été, suivant lui, rompre imprudemment la chaine des destinées qui lui étaient promises.

Vers la fin de 1811, époque à laquelle l'empereur se disposait à la campagne de Russie, le cardinal Fesch, jusque-là étranger à la politique, la mêla à ses controverses religieuses, et conjura Napoléon de ne pas s'attaquer ainsi aux hommes, aux élémens, à la religion, à la terre et au ciel à la fois, et lui montra la crainte de le voir succomber sous le poids de tant d'inimitiés. Pour toute réponse à cette vive attaque, l'empereur prit le cardinal par la main, le conduisit à la fenêtre, et lui dit: « Voyez-

(1) « La Fortune est une franche courtisane.... On doit profiter de ses faveurs lorsque ses caprices sont pour soi, et craindre qu'elle ne change de dépit.... Elle est femme. »

(*Napoléon d'après Rapp et Montholon.*)

vous là-haut cette étoile?—Non sire.—Regardez bien.—Sire, je ne la vois pas.—Eh! bien, moi je la vois, s'écria Napoléon....»

Le Carabinier.

L'avant-veille de la bataille d'Austerlitz, Napoléon fit demander une entrevue à l'empereur de Russie. Ce monarque lui envoya le jeune prince Dolgorouski, son aide-de-camp. Cet officier-général crut découvrir des signes non équivoques de terreur dans le camp français, dont il attribua la cause à la présence et à la valeur indomptable des guerriers russes. Napoléon écouta avec le plus grand sang-froid ses ridicules propositions, et renvoya cet insolent envoyé plein de l'idée que l'armée française était à la veille de sa perte. Napoléon revint à pied jusqu'au premier poste d'infanterie de son armée; c'étaient des carabiniers du 17e léger. L'empereur était irrité, et il témoignait sa mauvaise humeur en frappant de sa cravache les motes de terre qui étaient sur la route. La sentinelle, vieux soldat, l'écoutait, et s'étant mis à l'aise, il bourrait sa pipe, ayant son fusil entre ses jambes. Napoléon en passant près de lui, dit en le regardant : « Ces b.....-là croient qu'il n'y a plus qu'à nous avaler! » Le vieux soldat se mit aussitôt de la conversation : « Oh! oh! répliqua-t-il, ça n'ira pas comme-ça, nous nous mettrons en travers. »

Ce bon mot fit rire l'empereur, et reprenant un air serein, il monta à cheval, et rejoignit le quartier-général.

Allocutions militaires.

Napoléon passant en revue le second régiment de chasseurs à cheval, à Lobenstein, deux jours avant la bataille d'Iéna, demanda au colonel : « Combien d'hommes présens ? — Cinq cents, répond le colonel, mais parmi eux beaucoup de jeunes gens. — Qu'importe, lui dit l'empereur d'un air qui marquait sa surprise d'une pareille observation, ne sont-ils pas tous français ?... » Puis se tournant vers le régiment, il ajouta : « Jeunes gens, il ne faut pas craindre la mort ; quand on ne la craint pas, on la fait rentrer dans les rangs ennemis. » Et le mouvement de son bras exprimait vivement l'action dont il parlait. A ces mots, on entendit comme un frémissement d'armes et de chevaux, et un soudain murmure d'enthousiasme, précurseur de la victoire mémorable qui, 48 heures après, renversa la colonne de Rosbach.

—A la bataille de Lutzen, la plus grande partie de l'armée se trouvait composée de conscrits qui n'avaient jamais combattu. L'empereur, au plus fort de l'action, parcourait en arrière le troisième rang de l'infanterie, le soutenant parfois de son cheval en travers, et criant à ces jeunes soldats : « Ce n'est rien, mes enfans, tenez ferme; la patrie vous regarde, sachez mourir pour elle. »

Madame Grassini.

Le jeune général qui fit la conquête de l'Italie, y excita, dès le premier instant, tous les enthousiasmes et toutes les ambitions. Il n'y avait pas de beauté surtout qui n'aspirât à lui plaire et à le toucher; mais ce fut en vain. Son âme était trop forte pour donner dans le piége : sous les fleurs il jugeait du précipice. Sa position était des plus délicates, il commandait de vieux généraux; sa tâche était immense; des regards jaloux s'attachaient à tous ses mouvemens; sa circonspection fut extrême. Sa fortune était dans sa sagesse; il eût pu s'oublier une heure, et combien de ses victoires n'ont pas tenu à davantage!

Plusieurs années après, lors de son couronnement à Milan, la célèbre chanteuse Grassini attira son attention; les circonstances étaient moins austères : il la fit demander, et après le premier moment d'une prompte connaissance, elle se mit à lui rappeler qu'elle avait débuté précisément lors des premiers exploits du général de l'armée d'Italie. « J'étais alors, disait-elle, dans tout l'éclat de ma beauté et de mon talent. Il n'était question que de moi dans les *Vierges du Soleil*. Je séduisais tous les yeux, j'enflammais tous les cœurs. Le jeune général seul était demeuré froid, et pourtant lui seul m'occupait ! quelle bizarrerie, quelle singularité ! quand je pouvais valoir quelque chose, que toute l'Italie était à mes pieds, que je la dédaignais héroïquement pour un seul de vos regards, je n'ai pu l'obtenir ; et voilà que vous les laissez tomber sur moi, aujourd'hui que je n'en vaux plus la peine, que je ne suis plus digne de vous ! »

Caffarelli.

Napoléon disait qu'aucune armée dans le monde n'était moins propre à l'expédition d'Egypte que celle qu'il y conduisit : c'était celle d'Italie. Il serait difficile de rendre le dégoût, le mécontentement, la mélancolie, le désespoir de cette armée, lors de ses premiers momens en Egypte. Napoléon avait vu deux dragons sortir des rangs, et courir à toute course se précipiter dans le Nil, il avait vu les généraux les plus distingués, Lannes, Murat, jeter, dans des momens de rage, leurs chapeaux bordés sur le sable et les fouler aux pieds en présence des soldats. Napoléon expliquait ces sentimens à merveille. « Cette armée avait rempli sa carrière, disait-il, tous les individus en étaient gorgés de richesses, de grades, de jouissance et de considération; ils n'étaient plus propres aux déserts ni aux fatigues de l'Egypte; aussi, continuait-il, si elle se fût trouvée dans d'autres mains que les miennes, il serait difficile de déterminer les excès dont elle se fut rendue coupable. »

Cependant, quant à la conduite vis-à-vis de l'ennemi, l'empereur disait que : « cette armée ne cessa jamais d'être l'armée d'Italie, qu'elle fut toujours admirable.»

L'humeur des soldats s'exhalait heureusement en mauvaises plaisanteries; c'est ce qui sauva toujours les Français. Ils en voulaient beaucoup au général Caffarelli, qu'ils croyaient un des auteurs de l'expédition. Il avait une jambe de bois, ayant perdu la sienne sur les bords du Rhin; quand, dans leurs murmures, il le voyaient passer en boîtant, ils disaient à ses oreilles: « Celui-là se moque bien de ce qui arrivera; il est toujours bien sûr d'avoir un pied en France.»

Les savans étaient aussi l'objet de leurs brocards. Les ânes étaient fort communs dans le pays; il est peu de soldats qui n'en eussent à leur disposition, et ils ne les nommèrent jamais que leurs demi-savans.

Colère simulée.

Napoléon attaquait souvent toute une masse sur de simples individus, et il le faisait avec un grand éclat, pour qu'on en demeurât frappé davantage; mais ses colères publiques, dont on a fait tant de bruit, n'étaient que feintes et factices. L'empereur disait qu'il avait prévenu par-là bien des fautes, et s'était épargné beaucoup de châtimens.

Un jour, dans une de ses grandes audiences, il attaqua un colonel avec la plus grande chaleur et tout-à-fait avec l'accent de la colère, sur de légers désordres commis par son régiment envers les habitans du pays qu'il venait de traverser en rentrant en France; et comme le colonel, pensant la punition fort au-dessus de la faute commise, cherchait à se disculper et y revenait souvent; l'empereur lui disait à voix basse, sans discontinuer la mercuriale publique : « C'est bien; mais taisez-vous.... Je vous crois; mais demeurez tranquille.... » Et plus tard, en le revoyant seul, il lui dit : « C'est que je fustigeais en vous des généraux qui vous entouraient, et qui, si je me fusse adressé directement à eux, se seraient trouvés mériter la dernière dégradation, peut-être davantage. »

Le général Daumesnil.

Napoléon reçut durant le siége de Saint-Jean-d'Acre, une preuve de dévouement héroïque et bien touchante : étant dans la tranchée, une bombe tomba à ses pieds; deux grenadiers se jetèrent aussitôt sur lui, le placèrent entre eux deux, et élevant leurs bras au-dessus de sa tête, le couvrirent de toutes parts. Par bonheur la bombe respecta tout le groupe, nul ne fut touché.

Un des braves grenadiers a été depuis le général Daumesnil, qui perdit une jambe dans la campagne de Moscou, et commanda la place de Vincennes lors de l'invasion de 1814. Depuis plusieurs semaines la capitale était occupée par les alliés que Daumesnil tenait encore. Il n'était alors question dans tout Paris que de son obstination à se défendre, et de la gaité de sa réponse aux sommations russes : « Quand vous me rendrez ma jambe, je vous rendrai ma place. »

L'Archiduc Jean.

L'archiduc Jean visitant, en 1816, en Italie, une rotonde au plafond de laquelle on voyait une action célèbre dont Napoléon était le héros, en levant la tête, son chapeau tomba en arrière; sa suite se précipita pour le lui rendre. « Laissez, laissez, dit-il, c'est dans cette attitude qu'on doit considérer l'homme qui se trouve là haut. »

Le Jeune lieutenant.

Un jour, à une parade, un jeune officier, l'air égaré, tout hors de lui, sort des rangs pour se plaindre à l'empereur qu'il est maltraité, dégradé, qu'on a été injuste à son égard, qu'on lui a fait éprouver des passe-droits, et qu'il y a cinq ans qu'il est lieutenant sans pouvoir obtenir d'avancement.—« Calmez-vous, lui dit l'empereur, moi je l'ai bien été sept ans, et vous voyez qu'après tout, cela n'empêche pas de faire son chemin. » Tout le monde de rire, et le jeune officier, subitement refroidi, d'aller reprendre son rang.

Eugène Beauharnais.

Ce fut pendant qu'il était investi du commandement de Paris, que Bonaparte fit la connaissance de madame de Beauharnais.

On avait exécuté le désarmement des sections. Il se présenta à l'état-major un jeune homme de dix ou douze ans, qui vint supplier le général en chef de lui faire rendre l'épée de son père, qui avait été général de la république. Ce jeune homme était Eugène de Beauharnais, depuis vice-roi d'Italie. Napoléon, touché de la nature de sa demande et des grâces de son âge, lui accorda ce qu'il demandait : Eugène se mit à pleurer en voyant l'épée de son père. Le général en fut touché, et lui témoigna tant de bienveillance, que madame de Beauharnais se crut obligée de venir le lendemain lui en faire des remercimens : Napoléon s'empressa de lui rendre sa visite.

Chacun connaît la grâce extrême de l'impératrice Joséphine, ses manières douces et attrayantes. La connaissance devint bientôt intime et tendre, et ils ne tardèrent pas à se marier.

Madame Helvétius.

Madame Helvétius perdit à la révolution presque toute l'immense fortune dont elle jouissait avant cette époque; mais, véritable philosophe, elle ne perdit rien de sa gaîté naturelle, et parut sentir tous les avantages de cette médiocrité d'or dont parle Horace. Bonaparte vint un jour la visiter à Auteuil où elle s'était retirée. Comme il lui témoignait son étonnement de la voir aussi résignée après avoir perdu tant de richesses: « Vous ne savez pas lui dit-elle, combien il reste de bonheur dans trois arpens de terre. »

Les Draps et les Vases.

Dans un bal que la ville de Paris lui donnait, l'empereur s'adressa à une jeune dame de la classe marchande et lui fit diverses questions. La jeune dame répondit en employant une locution bizarre, quoique reçue, que son mari faisait dans les draps pour dire qu'il était marchand de draps. L'empereur sourit légèrement et adressa la parole à une autre personne. Deux ans après, la même dame se trouvant à une fête à laquelle Napoléon assistait, celui-ci qui ne la reconnaissait pas, lui renouvella les mêmes questions. « Sire, lui répondit-elle, lorsque V. M. me fit de semblables demandes, il y a deux ans, j'étais mariée à un homme qui faisait dans les draps. Il est mort peu de mois après.—

Vous êtes donc veuve? — Non sire, je me suis remariée. — Que fait votre mari? — Sire, il fait dans les vases. — Celui-ci est du moins plus propre que l'autre » dit l'empereur en s'éloignant.

Bessières.

Bessières était adoré de la garde, au milieu de laquelle il passait sa vie. A la bataille de Wagram, un boulet le renversa de son cheval, sans lui causer d'autre dommage. Ce fut un cri de douleur dans toute la garde; aussi Napoléon lui dit-il en le retrouvant: « Bessières, le boulet qui vous a frappé a fait pleurer toute ma garde; remerciez-le, il doit vous être bien cher. »

Dugazon.

Napoléon conserva long-temps les liaisons d'amitié qu'il avait contractées autrefois, et devenu premier consul, il continua à recevoir familièrement à Saint-Cloud les amis qu'il avait eus dans une plus humble fortune. Ce qui contribua à le faire changer de conduite à cet égard, c'est que plusieurs d'entre eux oublièrent ce qui était dû au chef du gouvernement de la France, et le forçèrent à s'en souvenir: Dugazon fut de ce nombre. Un jour qu'il était à Saint-Cloud, Bonaparte crut remarquer que l'embonpoint de cet acteur augmentait considérablement: « Comme vous vous arrondissez, Dugazon! » lui dit-il, en lui frappant sur le ventre. « Pas autant que vous, petit papa, » répondit Dugazon, en se permettant le même geste. Le petit papa ne répondit rien : mais Dugazon ne fut plus admis en sa présence.

Mademoiselle Georges.

Napoléon fit appeler un soir mademoiselle Georges. Il avait eu des contrariétés qui lui avaient donné pendant toute la journée des crispations de nerfs. Une nuit, passée avec mademoiselle Georges, n'était pas faite pour rétablir le calme dans ses sens. Quoiqu'il en soit, vers les deux heures du matin, elle s'aperçut que l'empereur venait de se trouver mal, et avait perdu connaissance. La frayeur s'empare d'elle, elle perd la tête et le jugement, pousse de hauts cris, fait jouer toutes les sonnettes. On accourt, on va chercher médecin et chirurgien; tout le palais est en rumeur. Joséphine s'éveille au bruit, elle accourt chez l'empereur; et la première chose qu'il vit, en reprenant ses sens, fut Georges à demi-nue, qui le soutenait dans ses bras, et l'impératrice en face. Il se mit dans une fureur qui manqua de le faire retomber dans l'état d'où il venait de sortir. On fit disparaître l'actrice tremblante, et jamais il ne lui pardonna l'esclandre qu'elle avait occasionnée.

M. de Caulaincourt.

Napoléon aimait le luxe et la magnificence dans toutes les occasions publiques; mais il voulait que l'économie régnât dans sa maison. Dans un voyage qu'il faisait à Compiègne, trouvant que la voiture allait trop lentement à son gré, il baissa la glace, et cria aux piqueurs qui l'accompagnaient:

« Plus vîte, plus vîte ! » M. de Caulaincourt qui, en qualité de grand écuyer, le précédait dans une autre voiture, entendit cet ordre, et mettant la tête à la portière, cria aux piqueurs en jurant, qu'il les chasserait tous, si l'on changeait de train. Les chevaux continuèrent donc d'aller au trot. L'empereur, arrivé à Compiègne, se plaignit de la lenteur du voyage. « Sire, répondit froidement M. de Caulaincourt, donnez-moi plus d'argent pour la dépense de vos écuries, et vous pourrez crever autant de chevaux que vous le désirerez. » Napoléon changea de conversation.

Le Pâté chaud.

Un jour que Napoléon déjeunait avec l'impératrice, il demanda à une des dames qui y assistaient, ce que pouvait coûter un pâté chaud qui était sur la table. « Douze francs pour votre majesté, lui dit-elle en souriant, et six francs pour un bourgeois de Paris. » « C'est-à-dire que je suis volé ! » reprit Napoléon. « Non, sire, mais il est assez d'usage qu'un roi paye tout plus cher que ses sujets. » « C'est ce que je n'entends pas, s'écria-t-il vivement ; et j'y mettrai bon ordre. » Effectivement, il entrait dans des détails d'économie intérieure, que négligent souvent bien des particuliers.

Isabey.

Bonaparte aimait les jeux d'exercice, et s'y livrait souvent avec ceux qu'il honorait de sa familiarité. Un jour qu'on jouait à Malmaison au *saute-mouton*, le peintre Isabey ne remarqua point, ou ne voulut pas remarquer que ceux qui prenaient part à ce jeu, évitaient de sauter pardessus le premier consul, et passaient à côté de lui pour aller franchir celui qui se trouvait plus loin. Il n'eut pas la même retenue, et sauta sans façon par dessus les épaules de Bonaparte. Celui-ci n'eut pas l'air de le trouver mauvais, mais il lui appliqua, en passant, une grande claque sur le derrière. « Je m'en moque, s'écria Isabey, il n'en a pas moins baisé mon c...

La Chasse.

Napoléon était aimable et bon pour tous ceux qui l'entouraient. Entre mille exemples, en voici un. Chacun sait qu'il aimait beaucoup la chasse; le prince Berthier, alors grand-veneur, l'aimait aussi; mais il préférait chasser dans sa terre de Grosbois, plutôt qu'avec l'empereur. Un jour qu'elle était commandée, Berthier vint au lever de l'empereur, qui lui demanda : « Quel temps fait-il ? — Mauvais temps, sire. — Et la chasse, comment ira-t-elle ? — Mal, car les chiens n'auront pas de nez. — Il faut la remettre. » L'ordre est donné, et à onze heures, l'empereur vient déjeûner chez l'impératrice. Il faisait un très-beau soleil (c'était au mois de février). Il conviennent de faire un tour à pied et d'emmener Berthier. On le fait demander, et l'empereur apprend qu'il est parti pour chasser à Grosbois. Il rit beaucoup de la mystification que Berthier lui avait fait éprouver, et se promit bien de ne plus s'en rapporter à lui pour le temps.

Mademoiselle Bourgoin.

A Erfurt, mademoiselle Bourgoin, du Théâtre-Français, attira l'attention de l'empereur Alexandre, qui eût un moment la fantaisie de faire sa connaissance. Il demandait à Napoléon s'il pouvait y avoir aucun inconvénient. — « Nul, répondit celui-ci; seulement, ajouta-t-il avec intention, c'est un moyen sûr et rapide pour que vous soyez bientôt connu de tout Paris. Après demain, jour de poste, partiront les plus petits renseignemens, et, sous peu, il n'y a pas de statuaire à Paris qui ne pût facilement modeler votre personne de la tête aux pieds. » Le danger d'une telle publicité calma sur-le-champ l'ardeur naissante; car le soupirant se montrait fort circonspect sur cet article, et sans doute par la crainte de l'adage connu : Quand le masque tombe, le héros s'évanouit.

Le Pied blessé.

Une fois, Napoléon était dans la chambre de l'impératrice pendant qu'on l'habillait. Il marcha, sans le vouloir, sur le pied de la dame qui présidait à la toilette, et se mit à l'instant à pousser un grand cri, comme s'il se fut blessé lui-même. « Qu'avez-vous donc? lui demanda vivement l'impératrice. — Rien, répondit-il en partant d'un éclat de rire ; j'ai marché sur le pied de Madame, et j'ai crié pour l'empêcher de le faire ; vous voyez que cela m'a réussi. »

Les Sept arpents de Terre.

Le général Bonaparte, en partant pour l'expédition d'Egypte, avait fait une proclamation dans laquelle il disait à ses soldats qu'il allait les mener dans un pays où il les enrichirait tous, qu'il voulait les y rendre possesseurs chacun de sept arpens de terre. Les soldats, quand ils se trouvèrent dans le désert, au milieu de cette mer de sable sans limites, ne manquèrent pas de mettre en question la générosité de leur général : ils le trouvaient bien retenu de n'avoir promis que sept arpens. « Le gaillard, disaient-ils, peut bien assurément en donner à discrétion, nous n'en abuserons pas »

Avant-postes devant Bautzen.

Dans la nuit qui précéda la bataille de Bautzen, Napoléon, accompagné des maréchaux Berthier et Ney, et du général Labruyère, s'avança jusqu'aux avant-postes à une portée de pistolet des cosaques. Ils s'assirent tous les quatre par terre, derrière un bloc de rochers. Berthier déroula une carte, et Napoléon prit de ses mains la lunette d'approche. Lorsqu'ils eurent conféré quelques minutes et consulté la carte, le général Labruyère mit un genou en terre, et Napoléon, appuyant la lunette sur son épaule à droite, se tint courbé pendant un quart d'heure, regardant la position de l'ennemi, tantôt la ville de Bautzen, tantôt les hauteurs qui se trouvaient couvertes de canons et d'infanterie russe.

Après cela Napoléon s'étant fait amener un paysan, se mit à lui faire, par l'entreprise de Ney, les questions suivantes : — « Est-il profond, l'ami, ce ruisseau qui va se jeter dans le ravin là-bas à main droite? (C'était le flanc gauche des Russes.) — On en a jusqu'au genou, répondit l'Allemand. —Le traversez-vous quelquefois en charrette?— Toujours, hors dans le printemps et l'automne, quand les eaux sont hautes. —Est-il guéable partout? — Non pas. En certains endroits le fond est rocailleux; mais depuis le petit pont que vous voyez à droite jusqu'à un quart de mille, il n'y a qu'un lit de sable uni et commode. »

L'empereur fut extrêmement satisfait des réponses du paysan allemand, et il parut se trouver en très-bonne humeur. Il demanda de l'argent à Berthier, prit une pleine poignée de louis d'or et la donna au paysan, en lui disant : « Tiens, voilà pour boire à la santé de l'empereur des

Français ! » Le manant voulut alors se jeter à ses pieds. — « Un moment, dit Napoléon, connais-tu l'empereur ?—Mon Dieu ! non, et je meurs d'envie de le voir.—Eh ! bien, regarde le donc, ajouta-t-il, en lui montrant le maréchal Ney, qui, ouvrant alors son surtout, découvrit son uniforme brodé en or. Le paysan vint aussitôt lui baiser les pieds. Ney l'arrêta et lui dit en riant : « Ce monsieur se moque de toi.... Voilà l'empereur ! » et il désignait Berthier. Voilà le paysan qui se prosterne devant Berthier; celui-ci qui s'exprimait très-mal en langue allemande, ne peut que montrer du doigt Labruyère en disant : « Voici l'empereur. » Le rustre allait encore se jeter tout bonnement aux pieds de Labruyère, qui lui dit : « Je suis trop jeune, mon ami, pour être empereur; mais que ne fais-tu plutôt ta révérence à celui qui t'a donné de l'argent.—C'est juste, répliqua l'Allemand. Lorsqu'il eut saisi et baisé la main de Napoléon, il ajouta : voilà la main d'or. »

Les vilaines Mains.

Un jour que Napoléon entrait dans un des salons de l'impératrice, il y trouva une jeune personne qui y était assise, le dos tourné vers la porte. Il fit signe à ceux qui se trouvaient en face de lui de garder le silence, et s'avançant doucement derrière elle, il lui cacha les yeux avec ses mains. Elle ne connaissait que M. Bourdier, homme âgé et respectable, attaché à l'impératrice en qualité de premier médecin, qui pût se permettre une telle familiarité avec elle : aussi ne douta-t-elle pas un instant que ce ne fût lui. » Finissez donc, M. Bourdier, s'écria-t-elle ; croyez-vous que je ne reconnaisse pas vos grosses vilaines mains ? » (L'empereur les avait très-belles.) « De grosses vilaines mains ! répéta l'empereur en lui rendant l'usage de la vue, vous êtes difficile! » La pauvre jeune personne fut si confuse, qu'elle fut obligée de se réfugier dans une autre pièce.

Chacun son métier.

Après les désastres de Russie et de Saxe, Napoléon se promenait souvent dans Paris; il semblait vouloir chercher à connaître par lui-même l'effet que d'aussi terribles revers avaient produit sur l'esprit du peuple. Rien n'était encore désespéré; partout sa présence ranimait les esprits; la confiance renaissait et il sentait bien que, sûr de l'appui du peuple, il pouvait encore tout entreprendre et tout espérer. Il ne faut pas croire cependant que partout des cris de joie venaient l'accueillir, quelquefois il lui fallut entrer en conversation avec les plus hardis de la foule qui se présentaient autour de lui. Un jour, suivi de trois ou quatre officiers, il traversait la halle pour revenir aux Tuileries ; les acclamations accoutumées ne se faisaient pas entendre ; une marchande élève la voix et lui crie qu'il faut faire la paix. « La bonne, répond l'empereur en souriant, continuez de vendre vos herbes et laissez-moi faire ce qui me regarde, chacun son métier. » Et tous les auditeurs de rire et de crier à tue tête : *Vive l'empereur !*

Joseph Napoléon.

Lorsqu'en 1814 Napoléon pressentant le besoin qu'il aurait de sa brave armée des Pyrénées, rendit à Ferdinand VII son trône et sa liberté, il eut une peine infinie pour faire faire à son frère Joseph la pure et simple renonciation à la couronne. Dans une discussion qu'ils eurent à ce sujet, Napoléon avait dit à Joseph : « Mais en vérité, ne dirait-on pas que je vous enlève votre portion de l'héritage du feu roi notre père ? »

M. de Bausset.

Napoléon s'entretenant à Fontainebleau avec M. de Bausset, préfet du palais impérial, lui dit à la fin de la conversation : « Voyez ce que c'est que la destinée ! au combat d'Arcis-sur-Aube j'ai fait tout ce que j'ai pu pour trouver une mort glorieuse, en disputant pied à pied le sol de la patrie. Je me suis exposé sans ménagement ; les balles pleuvaient autour de moi, mes habits en ont été criblés, et aucune n'a pu m'atteindre. Une mort que je ne devrais qu'à un acte de mon désespoir serait une lâcheté ; le suicide ne convient ni à mes principes, ni au rang que j'ai occupé sur la scène du monde.... Je suis condamné à vivre.... » Et après un moment de silence profond et triste : « Entre nous, ajouta-t-il, avec un sourire plein d'amertume, on dit qu'un goujat vivant vaut mieux qu'un empereur mort. » L'air dont il prononça ce peu de mots, fit penser à M. de Bausset que l'équivalent de ce vieil adage pouvait bien être celui-ci : *Il n'y a que les morts qui ne reviennent pas.*

La Maison de Saint-Denis.

Napoléon, pendant les cent jours, visita la maison de Saint-Denis; les élèves furent si heureuses de le voir, qu'elles l'entouraient, le pressaient en cherchant à toucher ses vêtemens, et se livraient à une joie bruyante. La surintendante voulut leur imposer silence : « Laissez, laissez, dit Napoléon, cela fait mal à la tête, mais bien au cœur. »

Mademoiselle Mars.

Napoléon accordait quelquefois à Talma l'honneur d'être admis auprès de lui pendant son déjeûner. Mademoiselle Mars, lors de son séjour à Dresde reçut la même distinction. Au nombre des questions qu'il lui fit, il y en eut une qui était relative à son début. « Sire, répondit-elle avec une grâce qui lui appartient, j'ai commencé toute petite. Je me suis glissée sans être aperçue.... — Sans être aperçue !... Vous vous trompez.... Vous voulez dire apparemment que vous avez forcé peu à peu l'admiration. Croyez au reste mademoiselle, que j'ai toujours applaudi avec toute la France à vos rares talens. »

Après son retour à Paris, en 1815, Napoléon passa ses troupes en revue pendant deux jours consécutifs sur la place du Carrousel. Il reconnut parmi les spectateurs mademoiselle Mars, qui s'était avancée jusque dans les rangs des soldats, afin de mieux voir le spectacle qui était devant elle. Napoléon s'étant approché, lui dit : « Que faites-vous là mademoiselle Mars? cette place n'est pas très-convenable pour vous. — Sire, répondit la spirituelle actrice, je suis ennuyée de voir au théâtre la charge des héros, et j'en ai voulu contempler un véritable. »

La Lettre rouge.

A l'époque où le général Bonaparte s'empara du gouvernement de la république française et se fit nommer premier consul, il appela à Paris, pour former sa garde, un grand nombre d'officiers, de sous-officiers et soldats, ayant servi glorieusement sous ses ordres, en Italie et en Égypte.

De la bravoure, ils en avaient tous; du dévouement, ils en avaient fait preuve: les choix étaient bons, la troupe était belle, et tous les jours à midi, dans la cour des Tuileries, on allait, à l'heure de la parade, voir défiler les pelotons de cette phalange qui faisait l'admiration des Parisiens.

Mais l'armée du Rhin n'était pas satisfaite: elle avait lieu en effet d'être jalouse des distinctions accordées à ses émules. Elle avait aussi témoigné de sa valeur ; ses campagnes, celles entre autres de l'an 8 et de l'an 9, avaient jeté un vif éclat, et il y avait là de toute manière des travaux, des exploits, des victoires qui avaient droit à des récompenses.

Une chose avait surtout frappé, c'était que le général Moreau, qui depuis.... Mais alors il était couvert de lauriers, ses retraites comme ses succès, tout avait accru sa renommée, il était cher aux militaires, il était cher à la nation, et l'on était partout surpris qu'il ne fût, en aucune façon, appelé à prendre part au gouvernement des affaires du pays. Les officiers de son état-major et de la ligne se plaignaient hautement de cette injustice, se sentaient vivement blessés de cet oubli, et dans les cafés, sous la tente, dans leur grand'garde et dans leurs postes, il murmuraient de ce qu'aucun d'eux n'était appelé pour faire partie de la garde nouvelle.

Un capitaine de carabiniers, du quatorzième d'infanterie légère, fit le pari avec ses camarades qu'il se donnerait pour leur interprête, et qu'il écrirait au premier consul pour exprimer sans feinte et sans détonr le mécontentement des légions rhénanes. Six bouteilles de vin de Champagne furent le gage du défi; mais le capitaine, avant d'en faire sauter le bouchon, se fit apporter une feuille de grand papier rouge, et il y traça en très-gros caractères les mots formels que l'on va lire : « Citoyen consul, je n'ai jamais eu l'honneur de servir sous tes ordres, ni sur les bords du Nil, ni sur les rives du Pô et de l'Adige. Mais si les services rendus à la France dans les armées de l'Ouest, d'Irlande, de Sambre-et-Meuse, du Nord, d'Helvétie et du Rhin, ne sont pas à tes yeux des titres de réprobation ; je te demande comme une faveur pour moi, et plus encore comme une marque de ton intérêt pour l'armée à laquelle aujourd'hui j'appartiens, de m'admettre, en ce moment où la paix est signée avec l'Autriche, je te demande de me placer dans les rangs de cette troupe d'élite, qui est chargée d'assurer le repos de l'État en veillant à la sûreté de ta personne. »

Ce message ne tarda point à parvenir au premier consul, et il fut remis entre ses mains dans un instant où il s'entretenait avec le général Davoust, alors colonel-général des grenadiers de la garde consulaire. Après avoir lu la lettre, Bonaparte dit au général : « Pardieu, voilà un singulier original, qui s'adresse à moi directement... Envoyez votre aide-de-camp au ministère de la guerre pour avoir le relevé exact des services de cet officier. Nous verrons ensuite ce que nous aurons à faire. »

L'aide-de-camp part et revient bientôt

avec la pièce désirée. Le consul en est enchanté ; il la remet à Davoust, en lui recommandant de répondre sans délai à ce nouveau correspondant, pour lui promettre la première place de son grade qui viendrait à être vacante dans la garde. L'occasion ne se fit point attendre : à peu de temps de là, le capitaine entra aux chasseurs à pied, et lors de la première revue, le consul s'avançant vers lui : « Hé bien, lui dit-il, vous voyez que je sais découvrir les bons officiers partout où ils se trouvent, et qu'il suffit, pour être recherché par moi, qu'on ait été utile à la patrie. Allons, comportez-vous dans ma garde comme vous l'avez fait à l'armée, et, pour obtenir ma bienveillance, vous n'aurez plus besoin de m'écrire sur du papier rouge. »

Cet officier, qu'une sorte de hasard venait de rapprocher de Bonaparte, devait un jour lui sauver la vie par une circonstance extraordinaire.

Une fois, étant de service aux Tuileries, il vit un individu, vêtu d'une redingote verte et coiffé d'un chapeau à trois cornes, qui s'avançait vers lui, ayant pénétré jusqu'à la salle des gardes sans avoir été arrêté par les sentinelles, non plus que par les domestiques du palais.

Cet inconnu aborde avec audace le capitaine, et lui demande si l'empereur est dans son cabinet. Le ton et l'assurance avec lesquels cette question était faite imposèrent d'abord à l'officier; il put penser que c'était quelque personnage d'un haut rang, et qui avait ses grandes entrées. Il était sur le point de le laisser passer : cependant, comme cet individu avait, contre l'usage, conservé son chapeau sur la tête, et qu'il avait quelque chose d'étrange qui frappait en le regardant de près, le capitaine lui fit observer que dans la demeure du souverain on devait être découvert.

Sur cette simple observation, l'inconnu

entrant en fureur, tire un sabre nu qu'il avait sous sa redingote, et se précipite sur l'officier. Celui-ci n'a que le temps de mettre l'épée à la main, et de parer le premier coup que son fougueux adversaire cherchait à lui porter sur la tête. Un second coup était lancé, mais le capitaine marchant sur cet imprudent ennemi, le presse vigoureusement, abat son sabre, le désarme, et lui posant la pointe de l'épée sur la poitrine, il l'adosse à la muraille en s'écriant: « Soldats, à moi! »

Deux soldats et un caporal se présentent: l'officier remet son épée dans le fourreau, et ordonne qu'on saisisse le malfaiteur pour le conduire au poste de la gendarmerie d'élite. Mais cet homme, écumant de colère, et avant de se laisser prendre, saisit le briquet du caporal et coupe le pouce à l'un des chasseurs; il menaçait de fondre sur l'autre, lorsqu'en le chargeant à la baïonnette on lui fit une blessure profonde qui le renversa sur le carreau, et le mit enfin hors de combat. D'autres soldats viennent, et il est emporté auprès du chirurgien, qui lui prodigue tous les secours de son art. Quand il eut repris ses sens, on voulut savoir qui il était, et dans quelle intention il était venu armé aux Tuileries: « Je suis maréchal-des-logis, répondit-il effrontément, et j'avais formé le projet d'assassiner l'empereur. »

Napoléon, bientôt informé de cet évènement, et sur le signalement de ce militaire, reconnut un ancien sous-officier des guides qu'il avait eus en Égypte. Il avait été souvent à même de juger de sa bravoure et de sa fidélité. Il le fit transporter sur-le-champ à l'hôpital, en recommandant qu'on en eut grand soin; mais ses ordres furent plus vifs encore, quand il apprit que c'était par suite d'une injustice commise envers ce maréchal-des-logis, que le malheureux s'était porté à un pareil acte de désespoir.

Quant au capitaine de chasseurs, qui s'était en cette occasion montré comme un homme de tête et de résolution, il reçut de l'empereur un prompt témoignage de sa reconnaissance : peu de semaines après, il fut nommé major au 4me régiment de ligne, dont le prince Joseph était colonel.

Ce major s'illustra sur les champs de bataille ; il conquit tous ses grades par son courage et son noble dévouement aux vrais intérêts de la patrie, et pourtant, à l'heure où nous écrivons, plein encore de force et de valeur, il est dans une ville de province, mis à la pension de lieutenant-général, comme cent cinquante autres de ses frères d'armes.

La Mer Rouge.

En Egypte, dans un moment de loisir et d'inspection du pays, le général en chef, profitant de la marée basse, traversa la mer Rouge à pied sec, et gagna la rive opposée. Au retour, il fut surpris par la nuit, et s'égara au milieu de la mer montante; il courut le plus grand danger, et faillit périr, précisément de la même manière que Pharaon : « Ce qui n'eût pas manqué, disait gaîment Napoléon, de fournir à tous les prédicateurs de la chrétienté un texte magnifique contre moi. »

Fontanes.

Fontanes mettait le talent de Le Kain hors de toute comparaison. Napoléon lui dit, lorsque Talma eut joué le rôle de *Manlius*, « Eh ! bien, Le Kain vous paraît-il encore au-dessus de Talma ? — Sire, j'ai vu de nos jours surpasser Alexandre et César ; mais je regarde comme impossible de surpasser Le Kain ». M. F... se trompait : lui-même le surpassait comme comédien.

Le général Walter.

La journée d'Esling a produit des traits d'héroïsme : Napoléon s'exposa constamment comme un simple sous-lieutenant. Les boulets tuèrent plusieurs personnes derrière lui. Enfin, on dit que le général Walter effrayé du danger qu'il courait, lui cria : « Sire, si votre majesté ne se retire pas, je la fais enlever par mes grenadiers. »

Bon mot du général Rapp.

Un jour que Rapp demandait à l'empereur de l'avancement pour deux officiers : « Je ne veux plus, lui répondit Napoléon, en donner tant ; ce diable de Berthier m'en a trop fait faire. « Puis se tournant vers Lauriston : « N'est-ce pas Lauriston, que de notre temps on n'allait pas si vite ? Je suis resté bien des années lieutenant, moi ! —Cela se peut, sire, répliqua Rapp, mais depuis vous avez bien rattrapé le temps perdu. » Napoléon rit beaucoup de cette répartie, et accorda ce qu'on lui demandait.

L'Abbé Gandon et le petit Page.

Napoléon était fort économe pour tout ce qui le concernait personnellement ; il avait dans son cabinet un déshabillé fort modeste, et à l'armée son *nécessaire* n'égalait pas toujours celui d'un colonel. Il mangeait vite et peu ; à table il causait non-seulement de la voix, mais des yeux ; ses regards étaient des encouragemens ou des leçons, des peines ou des récompenses.

Une fois il arriva qu'un de ses pages avait commis une faute grave envers l'abbé Gandon, le sous-gouverneur. Cet abbé était né à Précigné, près de la Flèche (Sarthe) ; et c'était un bon propriétaire du pays,

M. Fillon-Dupin, qui, lié avec ses parens, lui avait donné de l'argent pour acheter sa première soutane. Avec ce costume il était venu à Paris au commencement de la révolution ; il s'était fait des amis puissans, et ayant passé sans encombre les jours de la Convention et du Directoire, il avait reparu sous le Consulat, et s'était faufilé sous l'Empire jusqu'au poste qui le mettait en relation avec les fils des premières familles de l'époque. L'un d'eux l'avait tiré un peu rudement par son petit collet, et Napoléon, qui regardait les prêtres comme des fonctionnaires, n'aimant pas qu'on les traitât avec mépris, se proposait de tenir rigueur à son étourdi de petit page. Mais celui-ci, se retirant dans un coin de la salle à manger des Tuileries, ne prenait point de part au service; il semblait, dans sa mutinerie, méditer quelque nouveau tour, et par-là encore il aggravait sa position. Cependant Napoléon a pitié de cette jeune tête : il prend au dessert un morceau de gâteau de Savoie, il en fait deux parts, il garde la première et la porte à sa bouche, envoyant l'autre par un chambellan au page réfractaire et coupable. Ce trait de de bonté fait battre le cœur du rebelle ; il mange, il dévore le gâteau après l'avoir baigné de ses larmes, et se jette aussitôt, avec tous les signes du repentir, dans les bras du bon abbé Gandon, qui n'était pas le moins ému de toute cette scène.

Le Vingt-et-un.

Un soir, après la bataille de Wagram, l'empereur était à jouer avec son état-major au vingt-et-un. Napoléon aimait beaucoup ce jeu ; il s'amusait à y tromper, et riait de ses supercheries. Il avait devant lui une grande quantité d'or, qu'il étalait sur la table : « N'est-ce pas, dit-il à Rapp, que les Allemands aiment bien ces petits Napoléons?—Oui, sire, bien plus que le grand. — Voilà, répliqua-t-il, ce qu'on peut appeler de la franchise germanique. »

Le Tyrolien.

Un peu avant la prise de Ratisbonne, Napoléon observait la ville, exposé aux coups de la mousqueterie, sur un plateau découvert, à une petite distance des murailles, lorsque tout-à-coup il fut blessé pour la première fois de sa vie : une balle amortie le frappa au pied droit, et lui fit une forte contusion. « *Ce ne peut-être*, dit-il avec sang-froid, *qu'un Tyrolien qui m'ait ajusté de si loin : ces gens sont très-adroits.* »

Le chirurgien Yvan était près de lui, il

le pansa ; mais Napoléon était si impatient, qu'il monta à cheval pendant que son pied était entre les mains de son chirurgien.

Cet accident engagea plusieurs généraux à faire à Napoléon des remontrances sur la témérité avec laquelle il s'exposait dans toutes les affaires. « *Que voulez-vous, mes amis*, leur répondit-il, *il faut bien que je voie.* »

Avancement militaire.

Quelque temps après la naissance de son fils, l'empereur monté sur son cheval de bataille, qu'il manœuvrait avec habileté, faisait un jour défiler la parade, quand le coursier fougueux s'emporta de telle sorte, que le cavalier ne pouvant s'en rendre maître, manifesta le désir de mettre pied à terre. Au même instant, un lieutenant s'avance hardiment au-devant de l'animal indocile, d'une main nerveuse il saisit la bride et force le cheval à s'arrêter. « Merci, capitaine, » dit Napoléon en mettant pied à terre. Le lieutenant fixe les yeux sur l'empereur et lui demande d'une manière très-significative, « dans quel régiment, Sire? — Dans ma garde, » répondit Napoléon après avoir réfléchi un moment.

La Sentinelle inflexible.

A l'armée, Napoléon était dans l'usage de parcourir le camp, seul, pendant la nuit, pour s'assurer si les sentinelles ne dormaient pas à leur poste. Dans une de ces visites il arriva auprès d'un soldat placé en sentinelle à la jonction de deux routes, et qui avait la consigne de ne laisser passer outre qui que ce fût. Ignorant l'importance du personnage qui se présentait, le soldat croise la baïonnette et ne veut pas permettre à Napoléon de passer. Celui-ci dit au militaire qu'il faisait une ronde d'officier-général. « Morbleu ! répond le vétéran, quand vous seriez le *petit caporal* (1) lui-même, vous ne passeriez pas : » et l'empereur fut obligé de retourner sur ses pas. Le lendemain, après s'être fait informer de la conduite et des services de ce soldat, sur lequel on lui avait rendu un compte favorable, il le fit venir en sa présence, loua sa conduite de la veille, et l'éleva aussitôt au grade d'officier.

---

(1) Ce sobriquet avait été donné à Napoléon à l'armée d'Italie. On suppose que les soldats l'avaient surnommé ainsi à cause de la petitesse de sa taille.

David.

A son retour d'Italie, Bonaparte dans tout l'éclat de sa gloire naissante, invité à dîner chez M. Lagarde, secrétaire du Directoire, n'accepta qu'à la condition que David s'y trouverait. La conversation s'étant établie entre le général et le peintre, dès qu'ils se virent : « Je vous peindrai, dit ce dernier, l'épée à la main sur un champ de bataille. — Non, répondit Bonaparte, ce n'est plus avec l'épée qu'on gagne des batailles; je veux être peint calme sur un cheval fougueux. »

Amour et Patriotisme.

On a beaucoup parlé d'un goût décidé de l'empereur pour les femmes : il n'était pas dominant chez lui. Il les aimait, mais il savait les respecter.

Pendant le séjour qu'il fit à Vienne, entre la bataille d'Austerlitz et la signature de la paix, il eut occasion de remarquer une jeune personne qui lui plut; le hasard fit qu'elle-même s'était monté la tête pour l'empereur, et qu'elle accepta la proposition qui lui fut faite d'aller un soir au château de Schœnbrunn. Elle ne parlait qu'allemand et italien ; mais l'empereur parlait lui-même cette dernière langue, la connaissance marcha rapidement. Il fut fort étonné d'apprendre de cette jeune personne qu'elle appartenait à des parens respectables, et qu'en venant le voir, elle était dominée par une admiration qui avait fait naître dans son cœur un sentiment qu'elle n'avait jamais connu ni éprouvé pour qui que ce fût. L'empereur respecta l'innocence de cette jeune demoiselle, la fit reconduire chez elle, fit prendre soin de son établissement et la dota.

Il aimait beaucoup la conversation d'une femme spirituelle ; il la préférait à tous les genres de délassemens. Peu de jours après cette aventure arriva celle-ci :

Un agent français, qui habitait Vienne, avait eu occasion d'y distinguer une certaine *comtesse* à laquelle, disait-on, un ambassadeur d'Angleterre (lord Pagèt) avait adressé des hommages. Il était difficile de rencontrer une femme plus séduisante que cette comtesse, qui, du reste, portait l'amour de son pays jusqu'à l'exaltation. L'agent se mit dans la tête de la décider à aller voir l'empereur, en lui faisant insinuer que la proposition lui en était faite par l'ordre de ce souverain lui-même, qui cependant n'y pensait pas.

Un officier de la cavalerie de police de la ville de Vienne, qui connaissait cette comtesse, fut chargé de lui parler; celle-ci écouta la proposition, qui lui était faite pour recevoir son exécution le soir même; elle ne se décida pas d'abord et demanda la journée pour réfléchir, ajoutant qu'elle voulait être assurée si c'était bien par l'ordre de l'empereur qu'on était venu chez elle.

Le soir, la voiture étant prête au lieu du rendez-vous où l'officier viennois devait prendre la comtesse pour la remettre à quelqu'un qui devait l'accompagner à Schœnbrunn, il alla la voir; elle lui dit qu'elle n'avait pu se décider pour ce jour-là, mais qu'elle engageait sa parole de ne pas y manquer le lendemain, et que, dans l'après-midi, il pouvait venir chercher sa réponse, qu'elle avait pris son parti.

La voiture fut recommandée pour le lendemain à la même heure. L'officier viennois, qui craignait un autre caprice, ne manqua pas le lendemain de se rendre chez la belle. Il la trouva toute résolue : elle avait mis ordre à ses affaires comme pour faire un long voyage, et elle lui dit d'un air décidé en le tutoyant : « Tu peux venir » me chercher ce soir, j'irai le voir, tu » peux y compter. Hier, j'avais des affaires » à régler ; maintenant, je suis prête. Si tu » es bon Autrichien, je le verrai ; tu sais » combien il a fait de mal à notre pays ! » Eh ! bien, ce soir je le vengerai : ne » manque pas de venir me chercher. »

Une pareille confidence effraya l'officier, qui ne voulut pas en encourir la responsabilité ; il vint de suite en faire part : on le récompensa. On n'envoya point la voiture au lieu du rendez-vous, et la comtesse évita l'occasion d'acquérir une célébrité qui aurait sans doute flétri sa réputation de femme gracieuse.

Cette aventure eut lieu la veille du jour où l'empereur partit de Schœnbrunn pour Paris.

Mademoiselle Duchesnois.

Une fantaisie subite fit naître, un soir, à l'empereur l'envie d'envoyer chercher mademoiselle Duchesnois, actrice du Théâtre-Français, fort laide de figure, mais très-bien faite. On l'avertit quand elle fut arrivée : il était encore à travailler. Il ordonna qu'on la fit entrer dans un cabinet voisin de sa chambre à coucher; et lui fit dire de se déshabiller. La pauvre actrice obéit, et ne garda que la portion de vêtement la plus indispensable. On était alors à la fin de septembre ; les nuits commençaient à être froides ; il n'y avait pas de feu dans la chambre, de sorte qu'après avoir attendu plus d'une heure, elle se trouva transie de froid. Elle sonna, et pria d'avertir l'empereur de la situation où elle se trouvait. Son travail n'était pas encore terminé : « Qu'elle s'en aille, » répondit-il ; et jamais il ne la redemanda.

La Naissance du Roi de Rome.

A la naissance du roi de Rome, toutes les puissances de l'Europe s'empressèrent d'envoyer les plus grands seigneurs de leurs cours pour complimenter l'empereur Napoléon. L'empereur de Russie envoya son ministre de l'intérieur ; l'empereur d'Autriche, le comte de Clary, l'un des grands officiers de sa couronne ; il apportait au jeune roi le collier en diamans de tous les ordres de la monarchie autrichienne. Le baptême fut célébré en présence de tous les évêques et des députés de toutes les contrées de l'empire. L'empereur d'Autriche, le parrain du jeune roi, se fit représenter par l'archiduc Ferdinand, son frère, grand duc de Wurtzbourg, et aujourd'hui grand duc de Toscane.

Les couches de l'impératrice Marie-Louise avaient été très-difficiles. Cette princesse et son fils doivent peut-être la vie aux soins de Napoléon et à son imperturbable sang-froid. A sept heures du matin, le baron Dubois, accoucheur, entre dans un cabinet où reposait momentanément Napoléon sur une ottomane; il lui annonce d'un air effrayé que l'impératrice est en grand danger, et que l'enfant se présente mal. « Mais, demande l'empereur, dans les nombreux accouchemens où vous avez assisté, n'avez-vous jamais rien vu de semblable. — Sûrement oui, répond Dubois, mais seulement une fois sur mille, et jugez combien il est affreux pour moi que ce cas si extraordinaire se présente pour l'impératrice. — Eh! bien, reprend l'empereur, traitez-la comme si elle était une marchande de la rue Saint-Denis, c'est la seule grâce que je vous demande; oubliez qu'elle est impératrice. — Mais, ajoute encore l'accoucheur, puis-je apposer les fers, et si de nouveaux accidens se présentent, dois-je sauver la mère ou l'enfant? — La mère, reprend vivement Napoléon, c'est son droit. »

Cette réponse, bientôt répandue dans toute la France, excita l'enthousiasme des femmes. Au même moment Napoléon s'était rendu vers Marie-Louise, encourageant son accoucheur par sa présence, et s'efforçant de rendre l'assurance à l'impératrice. Il y parvint. L'enfant vint au monde presque privé de vie : pendant quelques secondes on le crut mort.

Tentative d'assassinat.

Quelques jours après la bataille de Wagram, la vie de l'empereur fut menacée par un jeune fanatique nommé Stabs. Napoléon passait la revue de sa garde sur la place d'armes du château de Schœnbrunn. Un jeune homme s'était approché de lui, et demandait à lui parler. Berthier, à qui il s'adressa, l'avait d'abord repoussé : mais à la vue de son obstination, il appela le général Rapp, et lui dit d'interroger ce jeune homme en allemand, afin de savoir ce qu'il voulait à l'empereur. Rapp, en le repoussant, sentit une arme cachée sous ses vêtemens; on le fouilla, et l'on trouva un poignard d'une grandeur démésurée. Interpellé, il déclara, sans hésiter, qu'il voulait tuer l'empereur. Napoléon désira le voir, et le jeune fanatique répondit aux questions de l'empereur : « Je voulais vous tuer. Vous avez ruiné mon pays par la guerre ; vous l'avez opprimé ; Dieu m'a appelé pour être l'instrument de votre mort. — Mais si je vous faisais grace, ne seriez-vous pas engagé par la reconnaissance à renoncer à l'idée de m'assassiner? — Je ne vous le conseille pas, reprit ce malheureux, car j'ai juré votre mort. »

L'empereur, étonné, fit venir son premier médecin Corvisart, il lui demanda s'il ne trouvait pas dans ce jeune homme quelques symptômes de démence. Le médecin, après l'avoir examiné avec beaucoup de soin, répondit qu'il ne trouvait pas même en lui les signes de la plus légère émotion. La diète et les privations de sommeil n'y changèrent rien ; il persista toujours à dire que si on lui laissait la liberté, il l'employerait à tuer l'empereur, pour accomplir l'ordre du ciel. Un jugement le condamna à perdre la vie. Quand on vint le chercher pour être fusillé, il dit à l'officier qui lui annonça son sort : « Monsieur, je ne vous demande qu'une grâce, c'est de n'être point lié. » On la lui accorda ; il marcha librement, et mourut avec calme.

Qui ne dit mot consent.

Peu de jours après la naissance du roi de Rome, une dame veuve, dont le fils était de la conscription, se préseuta aux Tuileries et demanda à y être introduite. Elle tenait un placet qu'elle voulait remettre elle-même. Les refus qu'on lui opposa occasionnèrent de sa part des réclamations si bruyantes qu'elles furent entendues de l'empereur, qui, après en avoir appris la cause, ordonna que la solliciteuse fut amenée devant lui. En paraissant devant S. M. elle se jeta à genoux, et pria qu'on la conduisît auprès du roi de Rome, car c'est à lui que s'adressait sa demande. L'empereur saisit le placet, s'approche en souriant du berceau de son fils, et le lui lit à voix basse; la lecture finie il attend quelques instans, puis approche son oreille de l'enfant, comme pour écouter ce qu'il allait dire. L'enfant, comme on s'y attend, ne dit rien; alors l'empereur se rapproche de la dame et lui dit : « *Madame, je viens de lire votre pétition; on ne m'a pas fait de réponse, mais qui ne dit mot consent.* » Il n'est pas besoin d'ajouter que le jeune homme pour lequel on sollicitait fut exempté du service, et que sa mère eut à se féliciter de son heureux stratagème.

Les vieilles Femmes.

Un des officiers de santé de la garde avait été logé dans la banlieue de Vienne, du côté de Schœnbrunn, chez une chanoinesse âgée, et proche parente du prince Jean de Lichstenstein, dont elle portait le nom. Les exigences de cet officier de santé furent excessives et outre-passèrent les demandes d'usage. Dans un moment où le vin de Hongrie avait un peu dérangé sa raison, il eut la malheureuse idée d'écrire à son hôtesse une lettre conçue en des termes si impertinens, que cette dame se crut obligée de recourir à la protection du général Andréossy, gouverneur de Vienne. Cette lettre commençait ainsi :

» *Si le maréchal duc de Dantzic, de glo-*

rieuse mémoire, était logé chez vous, madame, il vous dirait : princillon, etc., etc.»

Le reste de la lettre était digne de cet exorde, de façon qu'en injuriant une princesse respectable, il injuriait en même temps le maréchal Lefèvre, en se servant de son nom comme d'un exemple, ou comme une autorité pour multiplier ses outrages. Cette lettre fut mise sous les yeux de Napoléon, qui fit donner l'ordre à l'officier de santé de se rendre le lendemain matin à la parade. Dès que l'empereur l'aperçut, il s'avança rapidement vers lui, et le visage enflammé, lui dit : « Est-ce vous qui avez écrit et signé cette lettre infâme ? — Grâce, sire, j'étais dans un moment d'ivresse, et je ne savais ce que j'écrivais. — Malheureux ! outrager un de mes plus braves lieutenans, et en même temps une chanoinesse digne de respect, et déjà assez à plaindre d'avoir à supporter une partie des malheurs de la guerre. Je ne crois point et n'admets point votre excuse. Je vous dégrade de la Légion-d'Honneur, vous êtes indigne d'en porter le signe révéré. Général Dorsenne, faites exécuter cet ordre..... Insulter une vieille femme! moi! je respecte toute vieille femme comme si elle était ma mère.... »

Le Léopard anglais.

Après la signature du traité de paix de Presbourg, l'empereur revint à Paris. Étant à Saint-Cloud, M. Denon, directeur de son cabinet de médailles, qui avait demandé à lui présenter celles qu'il avait préparées pour perpétuer les faits de la mémorable campagne d'Austerlitz, fut introduit auprès de lui. La série de ces médailles commençait au départ de l'armée du camp de

Boulogne pour se porter sur le Rhin : la première représentait d'un côté la tête de Napoléon, et de l'autre un aigle français tenant un léopard anglais. « Qu'est-ce à dire,... dit Napoléon? — Sire, répondit M. Denon, c'est un aigle français étouffant dans ses serres le léopard, l'un des attributs des armoiries de l'Angleterre. » Napoléon rejeta avec violence cette médaille d'or jusqu'au fond du salon, en disant à M. Denon. « Vil flatteur ! comment osez-vous dire que l'aigle français étouffe le léopard anglais? Je ne puis mettre à la mer un seul petit bâteau pêcheur que les Anglais ne s'en emparent.... C'est bien ce léopard qui étouffe l'aigle français.... Faites fondre de suite cette médaille, et ne m'en présentez jamais de pareilles. » Parcourant ensuite les autres médailles, et prenant celle qui était relative à la bataille d'Austerlitz, il en blâma la composition, et ordonna encore à M. Denon de la faire fondre. « Mettez seulement d'un côté, bataille d'Austerlitz, avec sa date, et de l'autre l'aigle français, ceux d'Autriche et de Russie. Croyez que la postérité saura bien distinguer le vainqueur. » La pensée de Napoléon ne fut pourtant pas exécutée dans son entier. Au lieu des aigles, elle représente l'effigie des trois empereurs.

La Pétition.

Dès que le jeune Napoléon sut parler, il devint, comme presque les enfans, grand questionneur. Il aimait beaucoup à voir le peuple qui se promenait dans le jardin des Tuileries, et qui se rassemblait souvent sous les fenêtres pour le voir. Il ne tarda pas à remarquer que beaucoup de personnes entraient dans le château avec de grands rouleaux de papiers sous le bras. Il demanda à sa gouvernante ce que cela signifiait. Elle lui dit que c'étaient des gens infortunés qui venaient demander quelque grâce à son papa. Depuis ce temps, chaque fois qu'il voyait passer une pétition, il criait, pleurait, et n'avait pas de repos qu'on ne la lui eût apportée, et il ne manquait jamais de présenter, chaque jour, à son père, à son déjeûner, toutes celles qu'il avait recueillies ainsi la veille. On juge bien que, lorsque cette habitude fut connue du public, on ne laissa pas l'enfant manquer de pétitions.

Il vit un jour sous ses fenêtres une femme en deuil, qui tenait par la main un petit garçon de trois à quatre ans, aussi en deuil. Celui-ci tenait en main une pétition qu'il montrait de loin au jeune prince. L'enfant voulut savoir pourquoi ce pauvre petit était habillé tout en noir. La gouvernante répondit au prince que c'était, sans doute, parce que son papa était mort. Il lui témoigna un grand désir de parler à cet enfant. Madame de Montesquiou, qui saisissait toutes les occasions de développer sa sensibilité, y consentit et donna ordre qu'on le fit entrer avec sa mère. C'était une veuve, dont le mari avait été tué à l'armée, qui se trouvait sans ressources, et qui sollicitait une pension. Le jeune Napoléon prit la pétition, et promit de la remettre à son papa. Le lendemain, il fit son paquet ordinaire, mais il garda séparément celle à laquelle il prenait un intérêt particulier; et après avoir remis à l'empereur les autres pétitions en masse, suivant sa coutume; « Papa, lui dit-il, voici une pétition d'un petit garçon bien malheureux. Tu es cause que son papa est mort. Il n'a plus rien, donne lui une pension, je t'en prie. » Napoléon prit son fils dans ses bras, l'embrassa tendrement, accorda la pension, et en fit expédier le brevet dans la journée. Ce fut ainsi qu'un enfant, qui n'avait encore que trois ans, eut déjà le bonheur de sécher les larmes d'une famille.

Le Prince-Primat.

A l'époque de l'entrevue d'Erfurt, Napoléon, faisait un jour les honneurs de sa table à *l'embarras* (1) d'empereurs, de rois et sous-rois du continent qui s'y trouvaient réunis. Le vainqueur d'Austerlitz eut l'occasion de relever un petit anachronisme échappé au prince-primat sur l'origine de

(1) A l'époque où presque toutes les têtes couronnées de l'Europe venaient s'incliner aux Tuileries devant leur suzerain, un chambellan de beaucoup d'esprit ayant un jour laissé passer par mégarde l'heure du lever de Napoléon, dit à l'empereur, pour s'excuser de ce retard : « Pardon, sire, mais je suis tombé au milieu d'un *embarras de rois.* » Quel moyen de résister à une pareille excuse !

la Bulle-d'or, qui, jusqu'à l'établissement de la confédération du Rhin, avait servi de constitution et de réglement pour l'éducation des empereurs, etc.... « C'est vrai, Sire, reprit le prince-primat, je me trompais; mais comment se fait-il que votre majesté sache si bien ces choses-là? — *Quand j'étais simple lieutenant en second d'artillerie,* dit Napoléon. » A ce début, il y eut de la part des augustes convives un mouvement d'intérêt très-marqué, il reprit un souriant: « Quand j'avais l'honneur d'être simple lieutenant en second d'artillerie, je restai trois années en garnison à Valence. J'aimais peu le monde et vivais très-retiré. Un hazard heureux m'avait logé près d'un libraire instruit et des plus complaisans... J'ai lu et relu sa bibliothèque pendant ces trois années de garnison, et n'ai rien oublié, même des matières qui n'avaient aucun rapport avec mon état.

» La nature d'ailleurs m'a doué de la mémoire des chiffres : il m'arrive très-souvent avec mes ministres de leur citer le détail et l'ensemble numérique de leurs comptes les plus anciens. » Il y avait un orgueil bien placé à parler ainsi de soi-même en présence de toute l'Europe représentée pour ainsi dire à ce banquet de rois. Il y avait surtout un noble orgueil à se glorifier d'avoir été *simple lieutenant en second d'artillerie*, en présence de tant de souverains qui, pour régner, ne s'étaient *donnés que la peine de naître !* il est seulement fâcheux que Napoléon ne s'avisât de ces généreuses réminiscences qu'avec des monarques !

Le Curé champenois.

Après avoir chassé les Russes de Troyes, Napoléon quitta cette ville pour se porter sur Arcis-sur-Aube. Le soir on bivouaqua non loin de La Fère-Champenoise; Napoléon entra chez le curé du village d'Herbisse. Le presbytère se composait d'une seule chambre et d'un fournil. L'empereur se renferme dans la chambre, et y abrège la nuit par ses travaux accoutumés. Les maréchaux, les généraux aides-de-camp, les officiers d'ordonnance et les autres officiers de la maison, remplissent aussitôt le fournil. Le curé veut faire les honneurs de chez lui: au milieu de tant d'embarras, il a le malheur de s'engager dans une querelle de latin avec le maréchal Lefèvre; pendant ce temps, les officiers d'ordonnance se groupent autour de la nièce, qui leur chante des cantiques. Le mulet de la cantine arrive enfin. On établit aussitôt une porte sur un tonneau; quelques planches sont ajustées autour en forme de bancs. Le curé prend place à droite du grand maréchal; d'autres mangent debout, et la conversation s'engage sur le pays où l'on se trouve. Le bon curé d'Herbisse a peine à concevoir comment ces militaires connaissent si bien les localités; lui qui n'a jamais vu les feuilles de Cassini, il veut absolument que tout son monde soit Champenois. Les naïvetés du curé égayent ainsi la fin du repas; bientôt après on se disperse dans les granges voisines, les officiers de service restent seuls auprès de la chambre de Napoléon. On leur apporte des bottes de paille; et le curé ne pouvant aller coucher dans son lit, on lui cède la place d'honneur sur le lit de camp. Le lendemain matin, Napoléon était à cheval, que le curé n'était pas encore reveillé; il se réveille enfin; mais, pour le consoler de n'avoir pas fait ses adieux, il ne faut rien moins qu'une bourse que le grand-maréchal lui fait remettre, et qui est l'indemnité d'usage dans toutes les maisons peu aisées où Napoléon s'arrête.

Respect pour les propriétés.

Bientôt après la naissance du jeune Napoléon, son père eut l'idée de bâtir un superbe palais presque vis-à-vis le pont d'Iéna, qui devait être appelé le *Palais du roi de Rome*. Le gouvernement fit faire l'achat de toutes les maisons situées sur l'emplacement qu'on avait choisi. Sur le terrain même, qui, d'après le plan qu'on avait tracé, devait former l'extrême droite de la façade, se trouvait une petite maison, qui, avec le sol sur lequel elle était bâtie, n'était estimée qu'à environ mille francs, et appartenait à un pauvre tonnelier. Le propriétaire en demanda dix mille; on en parla à Napoléon, qui ordonna qu'ils fussent comptés. Quand les personnes chargées de conclure cet arrangement vinrent pour terminer, le propriétaire dit que, toute réflexion faite, il ne pouvait la vendre moins de trente mille francs. Cela fut rapporté à Napoléon qui ordonna qu'on lui payât cette somme. Quand on vint de nouveau pour conclure l'affaire, le tonnelier porta sa demande à quarante mille francs. L'architecte fut très-embarrassé; il ne savait plus que faire, il n'osait même plus ennuyer Napoléon de ce sujet, en même temps qu'il savait qu'on ne pouvait rien lui cacher. Il s'adressa donc de nouveau à lui à ce sujet : « *Ce drôle là abuse*, dit-il, pourtant il n'y a pas d'autre moyen; allons, il faut payer. » L'architecte revint chez le tonnelier, qui porta de nouveau le prix de sa maison à cinquante mille francs. Quand Napoléon en fut informé, il en fut indigné et il dit : « Cet homme-là est un misérable; eh bien, je n'achèterai pas la maison; elle restera comme un monument de mon respect pour les lois. »

On a depuis rasé les fondemens du palais futur. La barraque du tonnelier tomba en ruines, et son propriétaire demeure maintenant à Passy, où il traîne une misérable existence, en vivant du travail de ses mains.

Madame de Montesquiou.

Le Roi de Rome occupait le rez-de-chaussée donnant sur la cour des tuileries. Il était peu d'heures de la journée où un grand nombre de spectateurs ne regardassent par la fenêtre, dans l'espérance de l'apercevoir.

Un jour qu'il était dans un violent accès de colère, et qu'il se montra rebelle à tous les efforts de Madame de Montesquiou, elle ordonna de fermer à l'instant tous les contrevents; l'enfant, étourdi de cette obscurité subite, demanda aussitôt à *maman quiou* pourquoi tout cela, « c'est que je vous aime trop, lui dit-elle, pour ne pas cacher votre colère à tout le monde; que diraient toutes ces personnes, que vous gouvernerez peut-être un jour, si elles vous avaient vu dans cet état! Croyez-vous qu'elles voulussent vous obéir, si elles vous savaient aussi méchant? « Et l'enfant de demander pardon aussitôt, et de bien promettre que cela ne lui arriverait plus.

« Voilà, observait à ce sujet l'empereur, des manières différentes de celles de M. Villeroi à Louis XV. *Regardez tout ce peuple, mon maître, il vous appartient; tous ces hommes que vous voyez là sont les vôtres.* »

Madame de Montesquiou était adorée de

cet enfant. Quand on voulut la renvoyer de Vienne, il fallut employer la ruse et le tromper; ce fut jusqu'à craindre pour sa santé.

Calembourg.

A Longwood, Napoléon ne se refusait pas à faire un calembourg, lorsque le sujet y prêtait. Un maçon employé aux constructions de son habitation était tombé et s'était blessé. Napoléon, cherchant à le rassurer, lui disait que cela ne serait rien : « J'ai bien fait une autre chûte que toi, lui disait-il, et pourtant regarde moi; je suis debout et je me porte bien. »

Police particulière.

L'empereur avait organisé sa police particulière. Il ne la faisait pas seulement servir aux vues de sa politique, c'était encore pour lui une espèce d'amusement. Il aimait à être au courant de toutes les petites anecdotes scandaleuses qui concernaient les personnes de sa Cour, et il se plaisait surtout à persiffler les maris sur les aventures de leurs femmes. Ayant découvert de cette manière une intrigue de la duchesse de B.... : « Eh bien! duc, dit-il un jour à son mari, votre femme a donc un amant! — Je le sais, sire. — Et qui vous la dit? — Elle même, sire, et c'est pourquoi je n'en crois rien. » L'empereur déconcerté de cette réponse, se battit le front avec la main, en s'écriant : « Oh! ces femmes! ces femmes! sont-elles fines? sont-elles adroites? »

C'était le duc du Rovigo qui avait donné à l'empereur les renseignemens dont il avait voulu faire usage pour persiffler le duc de B.... Napoléon lui rapporta la réponse du duc. « Le fait n'en est pas moins vrai, répondit S.....; il est très-certain que tel jour, à telle heure, la duchesse quitta sa voiture aux Champs-Elysées, s'y promena cinq minutes, s'enfonça sous les arbres, et entra par une petite porte qu'on tenait entr'ouverte à dessein, dans une maison où l'attendait l'aide-de-camp du général S..... — Je sais tout cela, reprit l'empereur; je le savais avant que vous me l'eussiez dit; mais vous auriez dû ajouter aussi qu'elle y fut suivie un quart-d'heure après par une autre dame qui vous touche de beaucoup plus près, et dont la visite était pour le général de cet aide-de-camp. »

Vive réplique.

Racontant un jour à table une de ses affaires en Égypte, le prisonnier de Sainte-Hélène nommait numéro par numéro les huit ou dix demi-brigades qui en faisaient partie ; sur quoi, madame Bertrand ne put s'empêcher de l'interrompre, demandant comment il était possible, après tant de temps, de se rappeler ainsi tous ces numéros : *Madame, le souvenir d'un amant pour ses anciennes maîtresses*, fut la vive réplique de Napoléon.

La Duchesse de Weymar.

Après la bataille décisive d'Iéna, l'armée française, commandée par Napoléon, était attendue à Weymar. Les gens les plus distingués de cette ville, et notamment les membres de la famille régnante, s'enfuirent à Brunswick, parce que le duc, servant dans l'armée prussienne avec ses troupes, on craignit la vengeance du vainqueur. La duchesse seule résolut de ne pas abandonner sa capitale. Elle se retira dans une aîle de son palais avec ses dames, et fit préparer les grands appartemens pour l'empereur. Dès qu'il arriva, la duchesse, quittant le petit logement qu'elle s'était réservé, se plaça au haut du grand escalier, pour le recevoir avec le cérémonial convenable. — « Qui êtes-vous, lui dit Napoléon en la voyant. — Je suis la duchesse de Weymar. — En ce cas; je vous plains; car j'écraserai votre mari. » Il ne lui accorda pas plus d'attention, et se retira dans l'appartement qui lui était destiné.

Le lendemain matin, la duchesse apprit que le pillage commençait déjà dans la ville; elle envoya à l'empereur un de ses chambellans, pour s'informer de sa santé, et lui demander une audience. Cette démarche plut à Napoléon, et il fit dire à la duchesse qu'il irait lui demander à déjeûner. A peine était-il arrivé, qu'il commença, suivant son habitude, à la questionner. — « Comment votre mari, madame, a-t-il pu être assez fou pour me faire la guerre? — Votre majesté l'aurait méprisé, s'il eût agi autrement. — Pourquoi cela? — Mon époux a passé trente ans au service de la Prusse. Ce n'est pas au moment où le roi avait à lutter contre un ennemi aussi puissant que votre majesté, que le duc pouvait l'abandonner avec honneur. »

Cette réponse aussi adroite que convenable, parut adoucir l'empereur. — « Mais, comment se fait-il que le duc se soit attaché à la Prusse? — Votre majesté ne peut ignorer que les branches cadettes de la maison de Saxe ont toujours suivi l'exemple de l'électeur. Or, la politique de ce prince, l'ayant engagé de s'allier avec la Prusse plutôt qu'avec l'Autriche, le duc n'a pu se dispenser d'imiter le chef de sa maison. »

La conversation roula encore quelques temps sur le même objet. La duchesse continua à montrer autant de ressources dans l'esprit que d'élévation dans l'âme. Enfin, Napoléon s'écria en se levant : « Madame, vous êtes la femme la plus respectable que j'aie jamais connue ; vous avez sauvé votre mari. Je lui pardonne ; mais c'est à vous seule qu'il le doit. » En même temps, il ordonna de faire cesser le pillage de la ville, et l'ordre y fut rétabli en un instant. Quelque temps après, il signa un traité qui assurait l'existence du duché de Weymar, et il donna ordre au courrier qui en était porteur, de le présenter à la duchesse.

Les Journaux.

« Lorsque je débarquai à Cannes, disait l'ex-empereur Napoléon, dans une conversation qui eut lieu à Sainte-Hélène, les journalistes de Paris insérèrent dans leurs feuilles des articles qui commençaient ainsi: « *Rébellion de Bonaparte!* » cinq jours, après, « *le général Bonaparte est entré à Grenoble!* » onze jours plus tard, « *Napoléon a fait son entrée à Lyon!* » enfin, vingt jours après, « *l'Empereur est arrivé aux Tuileries!* » D'après cela, cherchez l'opinion publique dans les journaux. »

Promenades à cheval.

L'illustre exilé de Sainte-Hélène, quelque temps après son arrivée sur cette terre inhospitalière, avait coutume de se promener dans l'île, soit à pied, soit à cheval, suivi d'un de ses officiers. Souvent il visitait les chaumières qui se trouvaient sur son chemin : il passait quelquefois des heures au milieu des *Arcadiens* de Sainte-Hélène. Lorsqu'il sortait à cheval, il dirigeait ordinairement sa promenade vers un ravin profond couvert d'une riche verdure, et qui servait aux pâturages. La route était étroite, le site solitaire, et, dans un mouvement poétique de mélancolie, il donna à ce lieu le nom de *Vallée du Silence*. En sortant de ce sentier inégal, l'œil satisfait découvre avec étonnement une habitation : c'est celle d'un fermier. Notre voyageur, borné dans ses promenades, sortit un jour dans le dessein de se donner le plaisir de visiter le fermier. Heureusement pour lui, la famille fut prise à l'improviste; car l'idée de la visite d'un tel hôte eût fait fuir tous les habitans de la ferme. Maître Legg, le fermier, villageois franc et simple, vint le recevoir à la porte; et, sur son invitation, l'illustre visiteur mit pied à terre, et, suivi du comte de Las-Cases, entra dans la maison. Il prit familièrement un siége, et, selon son habitude, il commença à questionner son hôte en ces termes : « Avez-vous une femme? — Oui, ne vous déplaise, monsieur l'empereur. — Avez-vous des enfans? — J'en ai six. — Combien possédez-vous de terre? — Environ cent acres. — Toutes ces terres sont-elles susceptibles de culture? — Non; il n'y en a pas la moitié. — Quel profit en tirez-vous donc? — Le profit n'est pas grand; mais il est augmenté de beaucoup depuis que vous êtes venu parmi nous, M. l'Empereur. — Vraiment; et comment donc cela? — D'abord, il faut que vous sachiez, M. l'Empereur, que nous ne récoltons pas de blé dans cette île, et que les légumes verts que nous faisons venir, doivent être vendus de suite. Autrefois, nous étions obligés d'attendre l'arrivée de quelque navire pour vendre nos denrées, et souvent les végétaux se gâtaient avant qu'on eût trouvé à s'en défaire. Mais maintenant, M. le général, nous vendons chaque chose en son temps. — Où est votre femme? — Je crois qu'elle est perdue, ne vous en déplaise; car tous mes enfans sont partis. — Envoyez-les chercher, et veuillez me présenter à toute votre famille. Avez-vous de la bonne eau? — Oui, monsieur; et du vin aussi bon qu'on puisse en trouver au cap. »

Cependant la frayeur de la fermière s'était calmée, et son mari la décida à se montrer. Elle salua avec toutes les marques possibles d'un respect mêlé d'un peu d'étonnement.

Napoléon, Las-Cases, le fermier et sa femme, formant partie carrée, s'assirent pour boire un verre de vin du cap. Les deux voyageurs prirent congé aussitôt après.

Le bon fermier et sa femme s'étaient trouvés tellement à l'aise, par les manières affables de leur hôte, que les visites qu'il leur fit dans la suite, ne leur causèrent plus aucun embarras : les enfans même exprimaient fréquemment le désir de le voir, et ils disaient à leur mère, « quand *Boney* viendra-t-il ? »

FIN

TABLE.

FIN DE LA TABLE.

Imp. de Carpentier-Méricourt, rue Traînée, n. 15.

www.ingramcontent.com/pod-product-compliance
Ingram Content Group UK Ltd.
Pitfield, Milton Keynes, MK11 3LW, UK
UKHW020119200726
13856UKWH00002B/633

9 782012 481428